# 魂のひと皿

素材に命を吹きこむ

吉野 建

旭屋出版

## はじめに

日本の各地から、そして海外からも、日々届けられる素材を前に、私はいつも自問自答する。
「さて、どうやって料理したら、命を吹きこめるだろうか」
目で見て、手でさわり、臭いを嗅ぎ、味わっているうちに、一種の化学反応が起こって、なにかが生まれ出る。
私は古典料理を書物からずいぶん学び、フランスの地方を旅しては郷土料理の見聞を深めて、頭のなかの引き出しを増やしてきたものだ。そうして蓄えたすべての知識と体験は、自分のものではあるが、自分のためではない。
野菜や動物が大地にあったとき、魚介が海にあったときの健全さを、皿の上に再び甦らせる瞬間のためにある。
私にとって料理づくりとは、自分の魂を入れて、再び素材に命を与える作業なのである。
これまでの人生を振り返ってみると、闘いの連続だった。とりわけ2度目の渡仏後は、後戻りのできない闘いになった。
功名心のためでも金儲けのためでもなく、フランス料理の本拠地であるパリで腕試しをするために、私はあの地を目指したのだ。後悔しないため、できることはすべてやり尽くし、フランス人よりフランス的な料理で勝負しようと決めていた。
それがフランスの料理界でも忘れられつつあった古典料理の復活であり、ソースのおいしさでフランス人を驚かせようという実践につながった。
とりわけ現地で実感したのは、「フランス料理はソースである」というシンプルな真理である。

パリで料理人として生きていくためには、フランス料理のベースすなわち古典料理の教養を持ち、なおかつ自分だけのオリジナリティーがあり、しかも洗練された人間性も必要とされる。

強気と攻めの姿勢が功を奏し、東洋の島国から来た男が、奇をてらわぬ、すこしも日本的でないフランスらしいフランス料理を作っていることが、ときに残酷なほど辛辣になるフランスの食メディアに高く評価されたのは、けっして偶然ではない。

はっきり言おう。フランス料理のベースと、おいしいソースをしっかり身につけていれば、世界のどこでも勝負できる。あとは、それぞれの魂をどう入れていくかだ。

現在の私は、パリ暮らしの疲れがとれ、日本のリズムにも慣れて、新しいことをする体力と気力が漲っている。そんな時期の料理をまとめたいと考えたのが、本書をつくるきっかけだった。素材に命を吹きこむべく、魂をこめたルセットも余すことなく記している。

素材の持つ自然な力が写真とルセットから読者に伝われば、幸いである。

2019年1月　吉野 建

# Yoshino Tateru

1952年、鹿児島県喜界島出身。動物とスポーツ好きで負けず嫌いの少年だった。地元の高校卒業後、大学進学を目的に上京し、アルバイトでコックをするうち調理場の熱気に魅せられ、この世界に入る。79年に27歳で渡仏し、約5年間で「ジャマン」「トロワグロ」など10軒ほどの名だたるレストランで修業した。帰国後、日比谷「ぶどうの木」、赤坂「光亭」、青山「ロアラブッシュ」、小田原「ステラマリス」で活躍し、スターシェフのひとりとなる。ジビエ料理の先駆者であり、地元の漁師・農家と連携した地産地消料理の先駆者。フランス料理への情熱から再渡仏し、97年パリ8区に「ステラマリス」を開店。翌98年、エスコフィエのレシピをもとに再現した「テット・ド・ヴォー　海ガメ風」が『ル・モンド』に取り上げられてフランス全土で評判となり、ジョエル・ロブション氏のテレビ番組にも出演。2006年フランス版ミシュランで念願の星を獲得した。07年スイスで開催されるダボス国際会議の料理長を務めるなど輝かしい実績をあげ、10年フランス政府より農事功労章（シュヴァリエ）受勲、フランスのMOF（国家最優秀職人賞）コンクール料理部門の審査員に任命された。パリの店を13年に閉店し、現在は軸足を日本に移して東京・銀座「レストラン タテル ヨシノ 銀座」、大阪「メゾン タテル ヨシノ」など全国で8店舗を展開し、進化を続けている。

# 目 次

はじめに …… 002

せっかくフランス人と同じ土俵に立つのだから
フランス食文化の粋といわれる最難関の領域で勝負しよう
その一念でジビエと向き合ってきた
私にとって宿命の材料である …… **008**

野ウサギの宮廷風　2000年パリ …… 010
野ウサギのシヴェ　ロワイヤル風 …… 012
イノシシ肉のカルパッチョ …… 016
イノシシバラ肉のシヴェ　1987年仕立て …… 018
イノシシ肉のポトフー　1987年仕立て …… 020
鹿ロース肉のロースト　ロッシーニ風 …… 022
ツキノワグマのシヴェ …… 024
クマの手のロワイヤル風 …… 026
キジのブイヨン　1987年仕立て …… 028
キジのパイ包み焼き …… 030
山シギのロースト　1987年仕立て …… 032
ヤマウズラのシャルトルーズ風　1987年仕立て …… 034
ヤマウズラのヴェッシー包み　1987年仕立て …… 036
真鴨のロースト　パイナップルソース　1987年仕立て …… 038
野鴨の血のソース …… 040
ジビエのトゥールト …… 042
海ガメのコンソメ　ラヴィオリ・フォアグラを添えて …… 044

発想の支えになる古い料理書 …… 046

アペリティフ盛り合わせ …… 048

森の幸のキノコ、畑の幸の野菜
大地からの恵みは、自然の節理に即して使うのが私のルール
季節の流れを感じさせ、体を元気にしてくれる
これからのフランス料理にもっとも求められる素材である ………… **050**

ちりめんキャベツとフォアグラとトリュフのテリーヌ …… 052
黒トリュフのプディング …… 054
トリュフのショーソン　1987年仕立て …… 056
ボルシチの冷製 …… 058
グリーンピースのポタージュ　エストラゴンの香り …… 060
白アスパラガス　ソース・ムースリーヌ …… 062
モリーユ茸と春キャベツのブレゼ　クレーム・ド・モリーユ …… 064
ニース風サラダ　コンテンポラリー見立て …… 066
季節の野菜　モネの庭園をイメージして …… 068
夏野菜のガスパチョ　アジのマリネと共に …… 070
じゃがいものスフレとカワハギのマリネ …… 072
フランス産セップ茸のフリカッセ …… 074

レストラン タテル ヨシノ 銀座の調理場 …… 76

世界の水産資源が減少しつつある
そんないまだからこそ、真摯に魚介と対し、
ワインに寄り添うフランス料理にしっかりと仕立てたい
あらためてその思いを強めている ……………… **078**

真鯛のパピヨット　1991年仕立て …… 080
オシェトラキャビアのゼリー寄せ …… 082
金目鯛のヴァプール　ソース・ブイヤベース …… 084
三重県桑名産ハマグリのポシェ　アオサ海苔添え …… 086
ブルターニュ産オマールと白アスパラガスのサラダ …… 088
スズキのポシェ　アーティチョークのバリグール風 …… 090
阿寒湖産エクルヴィスのナージュ仕立て …… 092
阿寒湖産エクルヴィスのグラタン …… 094
エスカルゴのフリカッセ　赤ワイン風味 …… 096
ブルターニュ産平目のパン粉焼き　バリグール風 …… 098

吉野 建のアルバムから …… 100

家畜と家禽は、長い時間のなかで人智を尽くし、
育まれた伝統素材
その歴史から学び、味に取り込むことで
料理作りの愉しみはもっと深くなる …………………… 102

フォアグラのフォンダン　よもぎのジュレ …… 104
山羊のカルパッチョ …… 106
仔鳩のロースト　菩提樹の香り …… 108
牛モアールのポシェ　野菜のクロッカン …… 111
テット・ド・コション　ソース・トルチュ …… 114
豚足のファルシ　アサリとフォアグラ添え …… 116
仔ウサギのトゥールト　サリエットの香り …… 118

## ラ・トルチュの
## ビストロノミー ………… 120

パテ・アン・クルート …… 122
ルクルス …… 124
北海道からの贈り物 …… 126
的鯛のクルスティアン …… 128
サーモンのミキュイ　ステラ・マリス風 …… 130
牛レバーのポワレ　エシャロットソース …… 132
喜界島アイスクリーム …… 134
赤ピーマンのブリュレ …… 136
山羊のタルト・フロマージュと
　蜂蜜アイスクリーム …… 138

## どこかに古典の存在を感じる
## デセール ………… 140

洋梨のベル・エレーヌ …… 142
ティラミス …… 144
タルト・ショコラ …… 146
タルト・シトロン …… 147
パン・ペルデュ …… 148
柑橘類のテリーヌ …… 150
パイナップルのソルベ …… 152
白いオペラ …… 154

タテル ヨシノ・ファミリーの店紹介 …… 158

カラーページで紹介した料理のルセット …… 161

撮影　黒部　徹

せっかくフランス人と
同じ土俵に立つのだから
フランス食文化の粋といわれる
最難関の領域で勝負しよう
その一念でジビエと向き合ってきた
私にとって宿命の材料である

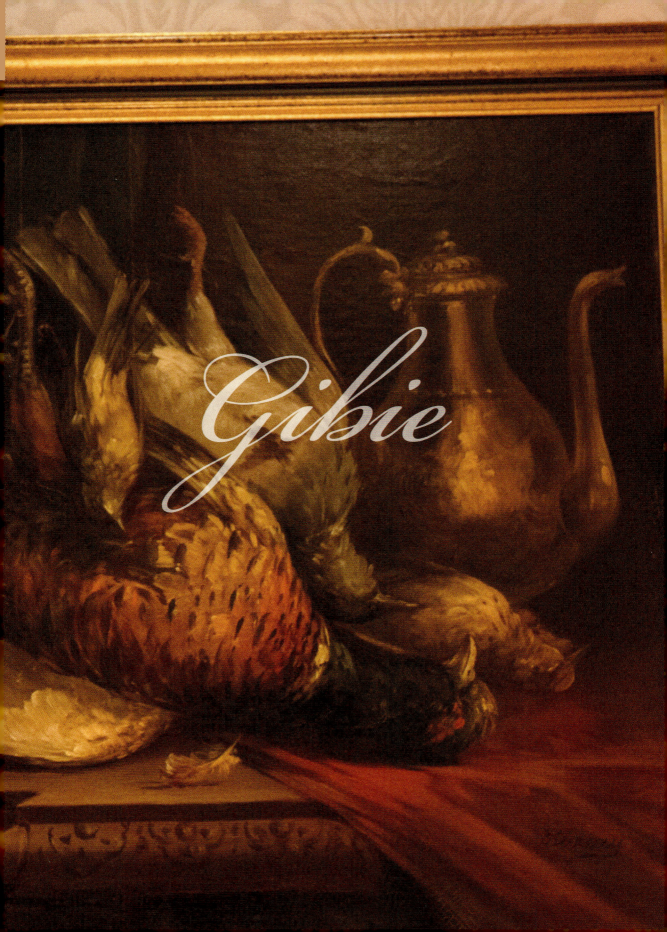

*Gibier à poils*

## *Hare à la royale (2000 Paris)*
## 野ウサギの宮廷風　2000年パリ

　ジビエを料理する者なら、一度は作ってみたいと願い、憧れるのがリエーヴル・ア・ラ・ロワイヤル（Lièvre à la royale）だろう。私がこの料理を知ったのは、最初に渡仏したとき働いたパリの一つ星レストランだった。それからというもの、人生の折々に作っては幸運をもたらしてくれる運命的な得意料理になった。何度となくやり方を改変しては、ロアラブッシュでも小田原のステラマリスでも高い評価をいただいたが、自分では一度も満足したことはなかった。まだまだ進化できる、まだ発展途上形だと思い、二度目の渡仏以降も必死に考え続けた。完成したのが、このスタイル。2000年度リエーヴル・ア・ラ・ロワイヤルのコンテストで栄えある第1位を勝ち取った。

ルセットは162ページ

Gibier à poils

## $\mathcal{H}$are stew à la royale
### 野ウサギのシヴェ　ロワイヤル風

リエーヴル・ア・ラ・ロワイヤルには、骨をすべて取りはずし、肉と内臓類をロール状に巻き込むスタイル以外に、まるでいまにも走り出しそうな姿で供するスタイルもある。頭と足をつけたまま、腹のなかにフォアグラを詰めて3時間煮込み、煮汁にもフォアグラを溶かし込んでソースに仕上げるという、大胆にして豪奢な煮込みである。ロアラブッシュ以来、久しぶりに作ってみたが、変わらぬおいしさに感動した。日本人にはグロテスクな姿かもしれないが、フランス人なら舌なめずりをするだろう。『三銃士』や『モンテクリスト伯』を書いたアレクサンドル・デュマの料理書で、毛つきのウサギをオーブンに入れるという記述を読んだことがあるが、丸ごと調理されたジビエ料理には、人間の狩猟本能を刺激するような魅力があるのだ。

ルセットは165ページ

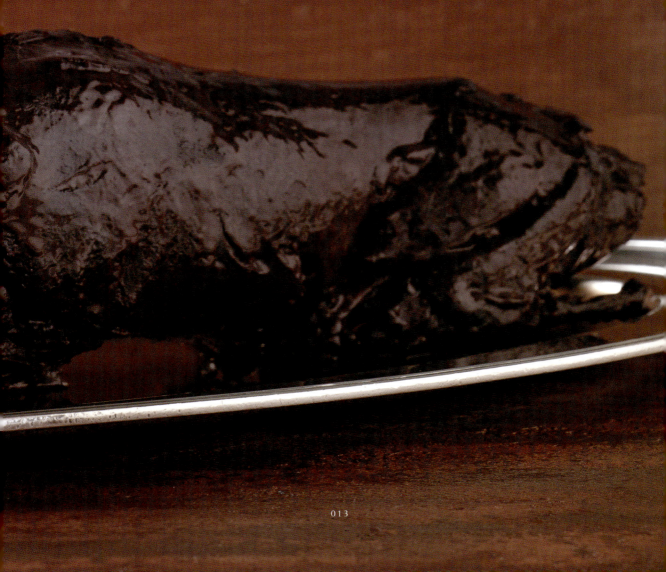

## Gibier à poils

### 長い歴史を持つコンテストで
### 20点満点の19点を獲得し、2000年度の優勝
### 過去のベスト3に入ると讃辞を送られた

　リエーヴル・ア・ラ・ロワイヤルは、手の込んだジビエ料理のなかでも極めつけに複雑な手順を必要とする。ベルサイユ宮殿を舞台にフランス王朝文化の黄金期を築き、太陽王と呼ばれたルイ14世のために創作されたといわれる。まさに宮廷料理の粋の結晶、ジビエ料理の最高峰である。
　何世紀も前に生まれた昔の料理にもかかわらず、現代においてシェフによって何十通りもの作り方が存在する。伝統を遵守するだけでなく、時代が求める新しい創意工夫を常に料理人に突きつけてくるという、普遍的な価値を持つ料理なのだ。
　二つ星、三つ星レストラン以外では滅多にお目にかかれない高級料理だが、幸運なことに最初の渡仏時、肉のソシエを務めたパリの一つ星のスペシャリテがこれで、作り方を体得できた。その後に働いた「トロワグロ」では野生のアナウサギが豊富に手に入り、存分に試作を繰り返すことができた。
　下手に煮ると固くなってパサつき、独特の臭いが強くなりやすい野ウサギの肉を、とろけるように柔らかく煮込み、香り高く、厚みのある深いソースをまとわせて、ロワイヤルの名にふさわしい気品ある姿に仕上げなければならない。先人からの伝統的技法を受け継ぎながらも、自分らしさを追究するために、20年という月日を費やすことになった。
　そして辿り着いた完成形が、フランスの名だたる美食家で構成された「クラブ・ド・リエーヴル・ア・ラ・ロワイヤル」のコンテストで20点満点の19点を与えられ、2000年度No.1の座を獲得したのである。通常は18点が優勝レベルで、19点獲ったのはジョエル・ロブション氏以来だったという。「東洋人がフランス人より見事に作った」と、メディアを大いに賑わせた。
　あまりにも嬉しく、これで日本に帰ってもいいと思えたほど。まさに運命の料理である。フランスらしいエスプリに富むトロフィーを見ると、あのときの喜びが甦ってくる。

Gibier à poils

# *Wild boar carpaccio*
# イノシシ肉のカルパッチョ

日本産のイノシシは、ロアラブッシュ時代からずっと使っているが、当時の料理をいま思い起こしてみると、荒々しすぎた。若いだけに品に欠けていたり、キレがなかったりの反省点が多々見いだせる。いま繊細で品のあるイノシシ料理が作れるようになったのは、パリ生活の賜だ。ただ剛胆なだけのジビエでは、フランスの美食家相手では通用しない。このカルパッチョは軽くて洗練されたジビエ料理の典型といえるだろう。カルパッチョとはいえ、むろん生ではない。80℃のブイヨンでゆっくりとロゼ色にゆで上げてスライスし、ヴィネグレット・トリュフをからめた野菜をたっぷりと添え、爽やかに軽く食べてもらう。この温度だと脂がコリコリと歯応えがよく、香りも高く、ひときわおいしい。

ルセットは166ページ

*Gibier à poils*

# *Wild boar stew (1987)*
# イノシシバラ肉のシヴェ　1987年仕立て

　はじめてロアラブッシュで丹波のイノシシを手に入れ、作ったのがロース肉のローストとバラ肉のシヴェ、背肉のポトフーだった。フランス人が好むイノシシ料理はシヴェとローストで、両者の支持率はほぼ互角。ローストにはいまひとつ納得がいかず、シヴェと次に紹介するポトフーが残った。とりわけ複雑な工程を要するのがシヴェで、作業はマリネ、煮込み、ソースを血でつなぐという3工程に分かれる。こうした古い仕事は、合理性の名のもとに、現代では省略をよしとする傾向がある。しかし、長い時間と手間をかけるのは、イノシシの味をしっかり出すことが目的だから、各作業を手抜きすることなく、完全主義で行うことで歴然とした差が出る。ひとつでも妥協すると全部が駄目になるのが、料理の恐さである。それだけに、完璧にできたときの嬉しさを知ると、妥協はできなくなるものだ。

ルセットは168ページ

*Gibier à poils*

## *Wild boar pot-au-feu (1987)*
# イノシシ肉のポトフー　1987年仕立て

じっくりゆっくりコトコト煮込むポトフーではなく、別に仕立てたブイヨンで軽く煮込む"ロゼ色のポトフー"である。ブイヨンに八角を香らせるのはロアラブッシュ時代からのテクニックで、東洋的な趣が加わり、日本人好みにもなる。煮込むときのブイヨンの温度は80℃。ゆっくりと温めて脂を柔らかく溶かし、かつ肉をロゼに仕上げる。このような低温による火入れはロアラブッシュ時代、まだ珍しかったことが懐かしい。イノシシ自体が、当時はまだ珍しい材料だった。ところが、いまでは増えすぎて、農林業に与える被害が社会問題になり、害獣として駆除されたイノシシの食肉が広く流通する。今回、使ったのは岡山県美作産。イノシシの命は脂肪なので、目利きは脂を中心に選ぶとよい。

ルセットは167ページ

Gibier à poils

*Venison Rossini*

## 鹿ロース肉のロースト　ロッシーニ風

　日本のシカは地域によって7亜種に分類される。フランス料理でもっとも多く利用するのは北海道のエゾシカだったが、近年では本州以南の各地のシカも豊富に流通するようになった。ここで使用したのは島根県産のホンシュウジカ。あっさりとして繊細な肉質に、フォアグラの脂肪分とコク、トリュフの高貴な香りを足し、ロッシーニ風に仕立てた。これが味の濃いエゾシカであれば、同じローストでも、もっと肉を主張させる仕立てにするだろう。ソースは甘酸っぱいフルーツの味が特徴的なグラン・ヴヌール。本来は伝統菓子であるパン・デピスを、香りをプラスする役割で下に敷いている。

ルセットは170ページ

Gibier à poils

# Asiatic black bear stew
# ツキノワグマのシヴェ

ツキノワグマも、150〜250キロと大型のヒグマも、クマの肉は獣らしい香りがなく、無臭に近い。木の実や果物を食べているせいか、赤身の肉と脂身ともに嫌みがなく、淡泊で上品。イメージとは違い、イノシシとシカのほうが獣臭は強い。どちらのクマも好きな味だが、香りのなさが扱いづらい部分で、煮込んでみると煮汁がさっぱりしすぎて、物足りないのである。そこでカカオの風味を加えたり、ソースを血でつないだりと、足りないコクを補うことで納得のできる仕上がりになった。付け合わせには、セリやクレソンなど、香りが強い野菜が合う。クマの脂肪には体を温める薬膳効果があり、食後にポカポカする。

ルセットは171ページ

Gibier à poils

# Bear hand à la royale
## クマの手のロワイヤル風

クマの手は中国宮廷料理の満漢全席で有名だが、最近では日本料理でも使う人が現れ、引く手あまたで入手がますます難しくなった。ロアラブッシュ時代から使っているが、構造上、ゼラチン質と筋肉質と脂肪が入り組み、難易度の高い材料である。このような貴重で高価なジビエには王道が似合う。ということで、まず3時間ほど煮込んで骨と爪を抜いてから果物入りのファルスを詰めてさらに煮込み、原型からは想像できないほどエレガントな姿のロワイヤル風に変身させた。果物と木の実を合わせたのは、クマの食餌からの連想である。

ルセットは172ページ

Gibier à plumes

## *Pheasant bouillon (1987)*
# キジのブイヨン　1987年仕立て

キジの骨から取ったブイヨンに、もも肉のキャベツ包みと、胸肉のソテー、残りの肉を活用したクネルの組み合わせ。ロアラブッシュ時代にほぼ完成していたが、ひとつ進化したのは、ブイヨンにはキジの黄色い脂肪を生かすという意識である。キジの香りが結晶した脂肪なので、アクと一緒に取り除いてしまっては、風味が半減してしまう。熱々のブイヨンを目の前で注ぐと、半生のローストに軽く火が入る演出も重要である。パリでもたいへんに受けがよく、これを目当てにいらっしゃる方も多かった。

ルセットは174ページ

## キジのパイ包み焼き

フランスのある古典料理書で"トゥールト・ド・フェザン"という名前を見つけ、そこからイメージをふくらませ、本書のために創作した新作である。キジとフォアグラ、キジとキャベツ、キャベツとベーコン……というように、頭のなかの引き出しから相性のよい材料の組み合わせとルセットを取り出していき、この形に結実した。経験値が高くなるほど引き出しの中身は増え、整理整頓術もうまくなり、ひとつの言葉に喚起され、自分ならどう作ろうかと想像力を羽ばたかせる楽しみも大きくなる。

ルセットは176ページ

*Gibier à plumes*

# *Woodcock roast (1987)*
# 山シギのロースト　1987年仕立て

繊細で上品、頭も内臓もすべておいしく食べられる山シギは、野鳥の女王と呼びたいほどの高貴さに満ちたジビエ。海の近くで獲ったものは独特なアンチョビに似た香りを感じ、山で獲ったものは別の香りがする。まさに自然の賜だ。だが、現在フランスでは保護鳥に指定されているため、日本に輸入されるのは大半がスコットランド産である。山シギに限らず、近年フランスで野鳥の数が激減し、かつて豊富に獲れて食卓を飾った野鳥が軒並み禁猟になっている。たとえば山シギと並んで愛されたオルトラン（ホオジロの一種）は、デリケートな香りが飛ばないよう、ナプキンをかぶって骨ごとしゃぶりながら食べるという奇妙な伝統的習わしのあるジビエだった。フランスで失われつつあるジビエの文化を、日本という環境で受け継いでいければと思っている。

ルセットは178ページ

Gibier à plumes

## *Partridge Chartreuse (1987)*
# ヤマウズラのシャルトルーズ風 1987年仕立て

ヤマウズラ（仏語ではペルドロー）など、キジ科の野鳥はキャベツとの相性がとてもよい。シャルトルーズ風と呼ばれる料理の原型は、キャベツと肉を一緒に煮込むものだが、肉はロゼにローストし、別に端肉や皮をキャベツと煮込み、美しい野菜のケースに詰めてシャルトルーズ風に仕立てた。昔からの方法と形を引き継ぎつつ、素材自体の魅力をもっと引き出せる方法を模索した結果、生まれたスタイルである。ヤマウズラはフランスで非常に好まれるジビエで、飼育された後に森に放される半野生（エルヴァージュ）も多く流通しているほどだ。上品でやさしい味のジビエだから、やはりクリーム系のやさしい味のソースを合わせている。

ルセットは180ページ

*Gibier à plumes*

# ヤマウズラのヴェッシー包み　1987年仕立て

ヴェッシー（豚の膀胱）は熱や酸に強く、内部に入れた材料の味や香りを一切逃すことがない。昔は水筒や氷嚢に使われたというこの丈夫な袋を、調理道具に転じさせたところに、フランス食文化のダイナミズムがある。ヴェッシーの調理上の長所は、おだやかで繊細な火入れができることと、ヴェッシーならではのおいしい香りが肉につくことだ。また何より素晴らしいのは、客席でのデクパージュ。袋から出し、切り分けて皿に盛り、温めたソースをかけるまでをお客様の前で行う。フランスでは高級店なら当然のサービスだ。こうした優雅で華やかな演出法が発達しているから、フランス料理は楽しいのである。

ルセットは182ページ

*Gibier d'eau*

## *Roast wild duck with pineapple sauce (1987)*
## 真鴨のロースト
## パイナップルソース　1987年仕立て

古典料理で、鴨とオレンジの相性は保証されている。それならば、同じように甘酸っぱいパイナップルも合うに違いない。そう閃き、ロアラブッシュ時代に生まれた料理である。狙い通り、力強い真鴨の肉に、パイナップルの爽やかさ、甘酸っぱさが調和。冬の素材であるジビエに、熱帯のイメージを重ね合わせた意外性といい、当時としてはかなり斬新な料理だったと思う。皮はソースとの相性から取りはずし、別に炒めて肉の上にのせる。このとき、カリカリに炒めずに脂肪分を残すのがポイントである。

ルセットは184ページ

*Gibier d'eau*

## *Pressed wild duck*
# 野鴨の血のソース

大阪のメゾンタテルヨシノには、鴨専用のプレス機があり、お客様の目の前で料理を仕上げるサービスを行っている。パリのトゥールダルジャンの鴨料理で名高いこの儀式をいつか自分の店でもという念願が、ついに実現した。上品な所作で鴨をさばき、豪華なプレス機でガラから血とエキスを絞り出す。そして鴨の風味が凝縮したこの液体をソースに混ぜて温め、切り分けた肉にたっぷりとかけ、一皿が完成する。優雅な演出であり、ソース自体の美味もよりいっそう輝く。このように見て楽しめる料理は、世界中を探しても、それほど多くはない。美食にもとづく演出力の高さでは、フランスが世界で一番だろう。むろん、前提としてベースになるソースを完璧に作っておくことが、絶対条件である。

ルセットは185ページ

Mélange de poils et de plumes

Game pie
ジビエのトゥールト

ファルスは、鹿とキジ、真鴨、豚肉、仔牛肉、鶏レバーのミックス。センターは真鴨の胸肉とフォアグラ。小田原のステラマリスではバロティーヌに仕立てていたが、パリで1997年、この形が完成した。パリ時代に作った料理のなかでもメディアに取材される回数が多く、ステラマリスの代表作のひとつに挙げられた料理である。フランスでは美食メディアの影響力が非常に強く、新聞や雑誌に取り上げられるたびに、このトゥールト目当てのお客様が殺到したものだ。みな感動してくださり、「三つ星の料理だ」との賛辞をいただいたり、「パリでジビエ巧者のひとり」に数えられたりした。ジビエという伝統文化に正面から向き合った強気が報われた瞬間だった。

ルセットは186ページ

Gibier de la mer

*Sea turtle consomme with foie gras ravioli*

# 海ガメのコンソメ
# ラヴィオリ・フォアグラを添えて

海ガメは全滅のおそれがある動物として、国際的に商取引が禁止されているが、伝統的に食されてきた小笠原諸島では、いまも食用の捕獲が許されている。豊富に生息した昔はヨーロッパでも食べ物としての利用が盛んで、大航海時代にカリブ海で捕獲したものを生きたままイギリスやフランスに持ち帰り、料理の材料にした。海ガメのコンソメは19世紀パリの高級レストランでも花形メニューだったようで、映画「バベットの晩餐会」にも登場する。肉は赤身で独特なクセがあり、洗練された味の濃いコンソメがとれる。まさに「海のジビエ」と呼ぶにふさわしい風格である。

ルセットは188ページ

上から、ユルバン=デュボアの『l'École de cuisinières（料理の学校）』。『Les princes de la gastronomie（美食の王子）』『100 FACONS LE MOUTON（羊料理100種）』

# 発想の支えになる古い料理書

ユルバン＝デュボアの『l'École de cuisinières（料理の学校）』

　エスコフィエの『料理の手引き』はむろん重要だが、具体的な料理がわかりやすく記され、私がもっと実用的に役立てているのが、ユルバン＝デュボア（1818〜1901）の『l'École de cuisinières（料理の学校）』である。デュボアは、フランス古典料理を完成させたアントナン・カレームの弟子で、フランスにロシア式サービスをもたらした理論派料理人だった。エスコフィエは著作のなかで、デュボアの意見を大いに役立てたと述べている。

　『100 FACONS LE MOUTON（羊料理100種）』は、羊料理のルセットが100種類も掲載された珍しい本。内臓料理もたくさん紹介されている。

　1977年刊行の『Les princes de la gastronomie（美食の王子）』は、「ラセール」「ロストー・ド・ボーマニエール」など、当時を代表するグランメゾンの名料理店25軒の料理をカラー写真で紹介する豪華な本。若き日の私は興奮し、目を皿のようにして読み耽った。本書で再現したフェルナン・ポワンのスペシャリテ、エクルヴィスのグラタンも掲載されている。

名店のスペシャリテを写真とともに詳しく説明する『Les princes de la gastronomie（美食の王子）』

## アペリティフ盛り合わせ

**グージェール**
Cheese puffs

**ブーダン・ノワールのタルトレット**
Blood sausage tartlet

**黒マカロン**
Black macaroon

アミューズ・グールは食事の序奏だから、まずは見て驚いていただけるような視覚的演出を心がける。同じものでも、盛りつける器によって印象は100％違ってくる。また、一口サイズのなかに、これからはじまる食事を予感させるような味のエッセンスをこめることも大切だ。正統派のグージェール、伝統的なブーダン・ノワール、革新的で体にもやさしい黒マカロン。この組み合わせ自体が、私の料理のコンセプトにかなっている。

ルセットは189〜190ページ

グージェール

黒マカロン

ブーダン・ノワールの
タルトレット

森の幸のキノコ、畑の幸の野菜
大地からの恵みは、自然の節理に
即して使うのが私のルール
季節の流れを感じさせ、
体を元気にしてくれる
これからのフランス料理に
もっとも求められる素材である

## *Savoy cabbage, foie gras and truffle terrine*
## ちりめんキャベツとフォアグラと<br>トリュフのテリーヌ

トリュフの季節がやって来ると、ちりめんキャベツのおいしさも増してくる。これはパリのステラマリスで冬を飾る前菜として、熱烈に支持されたテリーヌである。小田原時代にイメージの片鱗はできていたが、完成したのは1997年のパリ。召し上がったお客様が出来映えに驚き、「ここは三つ星レストランか!?」と感嘆の声を上げてくださったものだ。キャベツとトリュフという昔からの取り合わせに、フォアグラのムースを挟み込むことで、よりいっそうの相乗効果が生まれた。

ルセットは191ページ

# 黒トリュフのプディング

まさに香りの王者であるトリュフを主役にするときは、なにかで包んで加熱するのが基本の方法。そこで、なにで包むかが課題となる。これは、卵と牛乳で作るプリンではなく、ケンネ脂と小麦粉を練って作る英国式の伝統生地のなかにトリュフを封じ込め、蒸し上げた古式ゆかしいプディングである。ケンネ脂とは牛の腎臓を覆っている脂で、クセのないうま味が豊富に含まれている。英国のクリスマスプディングには必須の材料だ。フォン・ド・ヴォーをベースに、マデラ酒、コニャック、ポルト酒、トリュフジュースを効かせた王道のソースをたっぷりと注ぎかけた、クラシックなひと皿。

ルセットは192ページ

# トリュフのショーソン　1987年仕立て

トリュフを丸ごと1個、パイで包んで焼き上げる。贅沢きわまりない前菜である。このとき、オマールの刻んだ身を混ぜた鶏のムースをパイとトリュフの間に挟むのは、ロアラブッシュ時代に創案したスタイル。淡泊なムースで、トリュフの強烈さがやわらぎ、繊細さが引き出せる。ソースにもトリュフをちりばめれば、まさにゴージャスの一語である。

ルセットは193ページ

# ボルシチの冷製

　ボルシチとは元来、ビーツと牛肉を煮込んだロシアの温かいスープである。最近、ビーツの健康効果が次々と明らかになっているが、実際に内臓にやさしく、食べると体が元気になる実感がある。目にも鮮やかな赤紫色は、ポリフェノールの一種だそうだ。パリ時代からビオのビーツでムースやジュースを作ったり、コンソメに加えてボルシチ風に仕立て、野菜料理のソースに使ったりと活用していた。このボルシチは、クロード・モネの庭をイメージして創作した冷前菜である。ビーツは甘酸っぱいエスプーマのムース、牛肉はリエットと、別の要素に分けて組み合わせている。

ルセットは194ページ

## *G*reen pea potage, scented with tarragon
## グリーンピースのポタージュ エストラゴンの香り

パリで春の訪れを強く感じさせてくれるのが、白アスパラガス、モリーユ茸、そしてグリーンピースである。ヨーロッパ産のグリーンピースは味が濃く、水で煮るだけでおいしいポタージュができる。ビスクの泡をアクセントに、隠し味にエストラゴンを香らせれば、フレッシュで甘い春の味覚の完成だ。

ルセットは196ページ

# White asparagus with mousseline sauce
## 白アスパラガス　ソース・ムースリーヌ

白アスパラガスが姿を見せると、ムニエルにしたり、ベニエにしたり、ポタージュにもすれば冷製サラダにも仕立てるが、ゆでたての熱々に、ふわりとしたソース・ムースリーヌの組み合わせが、定番中の定番である。フランスには上半分が緑色で、下半分が白いアスパラガスもある。上だけ日光を当て、下半分は当たらないようにして軟白栽培をするのだろう。値段は白の約3倍もする。そこまで手をかけるほど、フランス人が大好きな野菜なのである。

ルセットは197ページ

*Braised morel mushrooms and spring cabbage in crème de morilles*

## モリーユ茸と春キャベツのブレゼ
## クレーム・ド・モリーユ

フレッシュのモリーユ茸が盛りの時期には、ちょうど春キャベツもおいしくなる。キノコと聞くと日本では秋の素材の印象が強いが、フランスでモリーユ茸は春を代表する素材のひとつ。たっぷりのバターでエシャロット、にんにくと炒め、白ワインと白ポルト酒の香りを足し、鶏のブイヨンでコクを加える。ソースは、乾燥モリーユ茸から時間をかけて取った、しっかりした味の出し汁がベース。生のときの繊細な風味と食感、乾燥させてから生まれる濃いうま味。モリーユ茸のふたつの魅力をひと皿に凝縮した。

ルセットは198ページ

*Salad Niçoise, contemporary interpretation*

## ニース風サラダ
## コンテンポラリー見立て

パリで誕生したニース風のサラダで、盛りつけは銀座スタイル。サラダの中身をじゃがいも、マグロ、さやいんげん、ピーマン、米、葉っぱの野菜、トマト、卵の各要素に分解し、組み立て直した。特筆すべきは、米の存在。あまり知られていないが、古典料理のセオリーで、ニソワーズに米は欠かすことのできない材料なのである。ボイルしてヴィネグレット・ソースであえるのが調理法の原型だが、ここでは炊いた玄米でチップスを作り、食感のアクセントにしている。

ルセットは200ページ

$\mathcal{S}$*easonal vegetables*
*that evoke Monet's garden*

## 季節の野菜
## モネの庭園をイメージして

　パリから1時間ほどで行ける小さな村、ジヴェルニーには画家クロード・モネが晩年まで40年余り暮らした家がある。庭園には色とりどりの四季の花が咲き乱れ、「睡蓮」のモチーフになった池には日本風の太鼓橋が架かっている。若い頃、ニューヨークのメトロポリタン美術館ではじめて作品に出会って癒やされて以来、モネは私の敬愛の対象だ。モネの家にも何度も訪れ、そのつどインスピレーションをもらった。モネの庭園をイメージし、50種ほどの野菜とハーブをキャンバスに絵を描くように盛り合わせた。思い出とともに生まれたひと皿である。

ルセットは202ページ

*Summer vegetable gazpacho*
*with marinated horse mackerel*

## 夏野菜のガスパチョ
## アジのマリネと共に

ガスパチョは南スペイン、アンダルシア地方生まれの冷たいスープ。フランスの食文化にも組み込まれ、初夏になると家庭でも、カフェでも当然のように食卓に上る。これはパリのステラマリスで考えたスタイルで、爽やかな緑色のジュレの上に魚のマリネ、粒マスタード入りのクリームを盛った皿を出し、お客様の目の前でガスパチョを注ぐ。いつも「わっ」という歓声で喜んでいただけたものだ。きゅうりで作ったジュレにはにんにくを効かせてあり、色だけでなく風味のアクセントにもなる。

ルセットは204ページ

## *Potato soufflé and marinated filefish*
## じゃがいものスフレと<br>カワハギのマリネ

　薄く切ったじゃがいもを低温と高温で2度揚げすると、ぷくっとふくらむ。ポム・スフレは、フランス料理の基本中の基本で、アプランティ（見習い）からコミ（調理人）に上がるための試金石となる。私が最初に渡仏したとき、あるレストランでバケツ2杯分のじゃがいもを渡され、「スフレを作れ」と命令された。いま思えばあれは試験であった。スフレを完璧に揚げるためには、そのときどきのじゃがいもの品質を見極め、適切に切り、温度管理と揚げる時間の調節を的確に行う必要がある。フランス料理に携わる者なら覚えるべき基本が詰まった料理だからだ。日本ではあまり作られていないのが残念である。このポム・スフレに、フランスでは見当たらないシコシコとした食感を持つカワハギを組み合わせた。じゃがいもの油気とカリッとした歯ごたえとの相乗効果が楽しい。

ルセットは206ページ

## *French-grown Porcini mushroom fricassee*
## フランス産セップ茸のフリカッセ

フランス人は秋が近づくと、日本の松茸のように、セップ茸の到来を待ちわびる。値段は松茸よりずっと手頃だから、家庭でもふんだんに食べる。さっと炒めるのが家庭料理の定番だ。レストラン料理の場合は、基本のおいしさを崩さないプラスアルファで、意外性やおしゃれ感を加えたい。賽の目に切った秋なすのソテーを組み合わせ、栗のチップとクルミをアクセントにした。セップ茸は鴨の脂で炒めると、より香ばしい。上にのせた栗の葉はたんなる飾りではなく、炙って出る香りを楽しんでもらう。

ルセットは207ページ

レストラン タテル ヨシノ 銀座の調理場

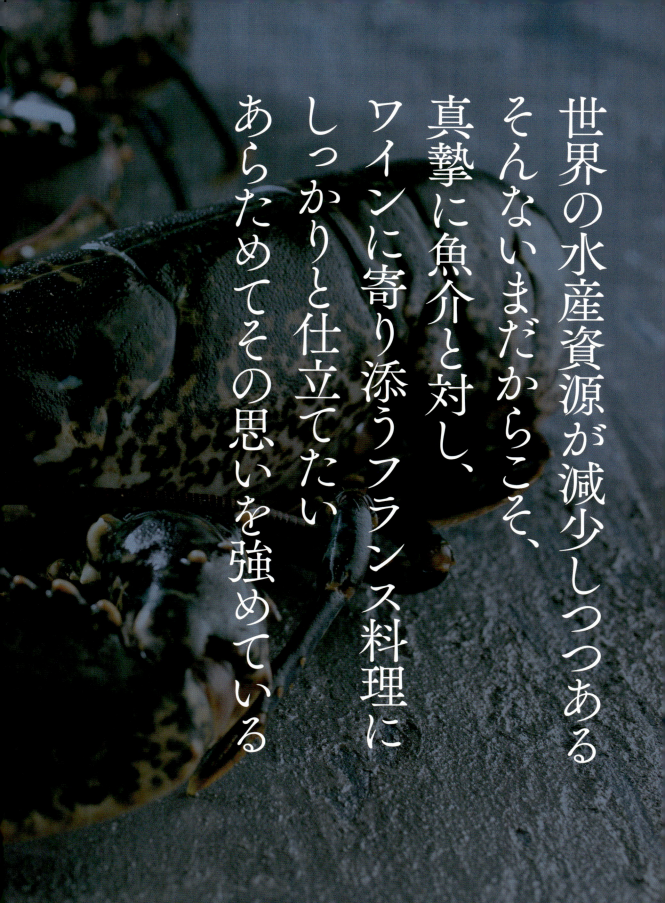

世界の水産資源が減少しつつある
そんないまだからこそ、
真摯に魚介と対し、
ワインに寄り添うフランス料理に
しっかりと仕立てたい
あらためてその思いを強めている

## ℛed snapper en papillote (1991)
# 真鯛のパピヨット　1991年仕立て

トリュフを刺した真鯛の切り身を、パピヨットに仕立てた。従来のパピヨットは、半透明のパラフィン紙を使ったため、中身がよく見えない、焼くと紙に焦げ目がつくなどの欠点があったが近年、これらの欠点を補う画期的な耐熱性透明クッキングラップが開発され、パピヨットの魅力が拡大した。フュメ・ド・ポワソンやトリュフジュースなどの液体をなかに入れて包んでも、密閉度が高く、風味や香りを逃すことなく加熱ができ、透明性を生かしたプレゼンテーションも自在にできる。まとめて包んでおけるので、パーティー料理にも適している。

ルセットは208ページ

*Ossetra caviar jelly*
# オシェトラキャビアのゼリー寄せ

かつては最高級のカスピ海産キャビアがふんだんに使えたものだが、密漁と乱獲、環境破壊でチョウザメの個体数が激減し、キャビアの輸出入はワシントン条約によって規制されようになった。そのかわり、チョウザメの養殖技術が発達してアメリカ産、ベルギー産、中国産などの多彩なキャビアが流通するようになっている。日本でも宮崎県、香川県など各地で試みられている。国産キャビアは品質もなかなかよく、2015年から輸出ができるようになった。甲殻類のコンソメにオシェトラキャビアを封じ込めたゼリー寄せに、ペルノー酒でフランベしたブリオッシュのフレンチトーストを添えるのは、ロアラブッシュ以来の私の定番である。

ルセットは210ページ

*Steamed red bream with bouillabaisse sauce*

# 金目鯛のヴァプール
# ソース・ブイヤベース

地元の素材に熱中した小田原ステラマリスでは、ハレの食卓に欠かせないメインディッシュが、地魚をふんだんに使ったブイヤベースだった。また、金目鯛は、相模湾沿岸では真鯛のかわりに祝儀用にも使われる名物魚だった。ふたつの小田原の思い出がひとつになって生まれた最近のひと皿。しっとりと白ワイン蒸しにした金目鯛を、魚のうま味が凝縮した芳醇なソースで。付け合わせの下に敷いたのは、春らしい緑色に染めたルイユである。

ルセットは212ページ

*Steamed clams harvested in Kuwana,*
*Mie Prefecture, served with green nori*

## 三重県桑名産ハマグリのポシェ
## アオサ海苔添え

素晴らしく身の充実した地ハマグリを、どうやって食べてもらったら一番おいしいだろうか？ シンプルな問いから生まれたシンプルな料理である。桑名のハマグリといえば焼くのが定番だが、殻ごと少量の水と一緒に鍋で蒸す。滲み出たハマグリ自体のエキスにアオサ海苔を合わせたものがソースになる。かぎりなく和食の世界に近づきつつ、仕上げにかけた鶏のジュとオリーブオイル、ひと匙のせたクリームで、フランス料理としての存在感が一気に溢れ出る。

ルセットは209ページ

*Brittany lobster and white asparagus salad*

# ブルターニュ産オマールと白アスパラガスのサラダ

ブルターニュ産のオマールは、パリに移って以来ずっと使い続けている。カナダ産にくらべて食感、味ともに力強く、見た目もおいしさも全然違う。これほどの素材は、シンプルに料理して、ふんだんに食べていただくのが一番だ。オーソドックスに殻ごとボイルして、ヴィネグレット・トリュフであえ、トマトとバジルから作る透明なゼリーをソースがわりに組み合わせた。

ルセットは214ページ

*Poached sea bass with artichokes*

*à la barigoule*

## スズキのポシェ
## アーティチョークのバリグール風

2018年の4月から7月にかけて東京で開催された「プーシキン美術館展」で展覧されたポール・セザンヌの〈サント゠ヴィクトワール山、レ・ローヴからの眺め〉に触発され、創作した料理。南仏プロヴァンス地方にあるこの山へは2、3回訪ねたことがあり、とりわけ愛着の湧いた作品である。魚の真っ白い身と、つややかな黒い皮とのコントラストをなす深紅のソースは、控えめなバターで南仏産赤ワインのフレッシュな香りを際立たせている。また、アーティチョークのバリグール風は、南仏の代表的な野菜料理のひとつである。

ルセットは216ページ

## *Lake Akan crayfish à la Nage*
## 阿寒湖産エクルヴィスの ナージュ仕立て

北海道の阿寒湖には、北米原産のエクルヴィスが自然繁殖している。和名はウチダザリガニ、英名はシグナル・クレイフィッシュ。1930年に摩周湖で養殖が成功し、その後に分布を広げたという。アメリカザリガニより大きく、湖の澄んだ冷水で育つため身が引き締まり、ゆでるだけで十分おいしい。そこで思い出したのが、80年代に日本のフランス料理界で一世を風靡した「エクルヴィス・ア・ラ・ナージュ」。直訳すると「泳いでいるザリガニ」、クール・ブイヨンでゆでて殻をむき、煮詰めたクール・ブイヨンに浮かべて供する。シンプルの極みだが、見た目も美しく、語感もかわいらしい。再評価されてよい料理である。なお、ウチダザリガニは現在、特定外来生物に指定され、適法に漁獲されたものが食材として有効活用されている。

ルセットは215ページ

## *Lake Akan crayfish gratin*
## 阿寒湖産エクルヴィスのグラタン

エクルヴィスはフランス料理に欠かせない食材だが、近年、日本産アメリカザリガニの質の低下を感じていた。どうも泥臭いのである。オーストラリア産のものも使ってみたが、サイズが大きすぎた。あるとき阿寒湖のウチダザリガニの話を聞き、現地を訪ねてみたところ、サイズもちょうどよく、泥臭さもなく、なによりフランスのエクルヴィスとよく似ているところが気に入った。このグラタンは、フェルナン・ポワンの非常に有名なスペシャリテのひとつ。コニャックを効かせたエクルヴィスのジュと、サバイヨンを合わせた馥郁としたソースをたっぷりとかけ、こんがりと焼き上げた最高においしいグラタンである。

ルセットは218ページ

*Escargot fricassee, flavored with red wine*

# エスカルゴのフリカッセ
# 赤ワイン風味

エスカルゴの生産現場を見るために、ブルゴーニュ地方の農家を訪ねたことがある。畑の中は文字通りカタツムリだらけで、加工している建物の50メートルくらい手前から異臭が漂ってきた。その臭いが記憶にこびりつき、それ以降、エスカルゴの料理には必ずワインやコニャックの香りを足し、中和することにしている。新しい料理を考えるとき、素材の生産現場を体験するのとそうでないのとでは発想の広がりがまるで違う。エスカルゴの場合、真空品や冷凍品で接していたままなら、生まれなかった料理である。

ルセットは220ページ

## *Brittany breaded flounder à la barigoule*
## ブルターニュ産平目のパン粉焼き バリグール風

フランスで高級食材として流通する平目は、ときには厚みが12センチを超え、両手でやっと抱えられるくらいの大型も珍しくない。見た目に違わず身は筋肉質で、加熱すると肉のような食感が楽しめる。同じ平目でも、水気が多く、火を入れるとしっとり柔らかくなる日本の平目とはまったく別物だ。そこで肉料理のように、骨つき、皮つきでパン粉焼きにした。付け合わせには、同じブルターニュ産のムール貝を組み合わせている。

ルセットは222ページ

# YOSHINO. TATERU
## 吉野 建のアルバムから

喜界島のガキ大将だった子ども時代。薩摩隼人であることは、私のアイデンティティー。

かわいがってくれた祖父と一緒に。吉野家は家族や親戚の絆が強いファミリー。

高校を卒業し、まだ学生服姿で友人と一緒に喜界島を離れる船上にて。右が私である。

友人たちとパリの「ジェラール・ベッソン」で食事。私の左が、現「ラ・ブランシュ」の田代和久シェフ。

フランス修業時代に、やはり田代さんと。もう40年近い付き合いの、かけがえのない仲間だ。当時、私は27歳。

フランスで開催された「クープ・ジョルジュ・バプティスト国際コンクール」で総支配人の田中優二（中央）が見事、準優勝。嬉しくて号泣した。

リヨンにあるムッシュ・ポール・ボキューズのレストランを訪れたときに、大きな壁画の前で撮った記念写真。

ホストをつとめるテレビ料理番組に2回も出演させてくださったジョエル・ロブション氏と。

フランス時代の私を、ロブション氏がなにくれとなく応援し、助けてくださったことは一生忘れない。感謝し、いつまでも心の師匠であり続けるだろう。

# Bétail et volaille

家畜と家禽は、長い時間のなかで
人智を尽くし、育まれた伝統素材
その歴史から学び、味に取り込むことで
料理作りの愉しみはもっと深くなる

## Foie gras fondant with mugwort gelee
## フォアグラのフォンダン
## よもぎのジュレ

かたまりを布で包み、低温の鶏のブイヨンでゆっくりと火を入れたトーション・フォアグラと、トリュフで香りづけた、なめらかな口当たりのムース・フォアグラ。2種の食感と味をひとつに融合させたフォアグラのテリーヌで、パリで1998年頃、生まれた料理である。にんじんとの組み合わせが色彩的にも新鮮だったようで、ベネズエラの料理雑誌の表紙になったり、イスラエルの雑誌で紹介されたりと、フランス外のメディアで取り上げられることも多かった。いま、日本でもフォアグラ好きのお客様たちの定番になっている。

ルセットは223ページ

## *G*oat meat carpaccio
# 山羊のカルパッチョ

故郷の喜界島では、日常的に食べるのは豚肉、ハレの日に食べるのが山羊肉だった。豚は暮れの12月28日につぶすのが習わしで、塩漬けにして保存し、少しずつ日々の惣菜に利用する。山羊は年に1、2度だけしかありつけない、とっておきの御馳走。滋養強壮効果が高く、元気が出る食べ物だと考えられている。刺身をにんにく醤油で食べると、なんともいえない。肉は海水で洗うとおいしくなると、父に教えられたことが懐かしい。味は濃く、羊に似ているが、もっとさっぱりとして、しかも独特の香りを持つ。にんにくオイルと塩、こしょうだけでシンプルに味つけ、刺身のおいしさを再現したカルパッチョである。沖縄の山羊汁には欠かせない香草、よもぎのピューレと、ほろ苦いルッコラが薬味的なアクセントになっている。

ルセットは226ページ

## $\mathcal{R}$oasted squab, scented with linden
## 仔鳩のロースト　菩提樹の香り

クロード・モネ26歳のときの作品〈草上の昼食〉に着想を得て作った料理である。森のなかのピクニックでくつろぐ男女が描かれ、みずみずしく茂った葉のあいだから差し込む光の表現が素晴らしい。パリで暮らしていた頃、私もよくグリル台を持ってフォンテンブローの森へピクニックへ行き、鳩を薪焼きしたりしたものだ。森林浴をしながら、木々のすがすがしい芳香を体いっぱいに感じながらの食事は、心も健康にしてくれた。そんなピクニック気分を、鳩のローストに菩提樹の香りをまとわせることで再現した。

ルセットは228ページ

ジヴェルニーにあるモネの家へは何度も訪れ、管理人とは親しい友人になった。

仔鳩のロースト　菩提樹の香り

## *Poached beef moiré with vegetables croquants*
# 牛モアールのポシェ　野菜のクロッカン

　牛モアール（骨髄）は、濃厚な牛の香りを持っているが、食感のインパクトがない。とろりと柔らかいだけだ。そこでカリカリとした野菜と組み合わせ、コントラストの強い料理に仕立てた。モアールは牛フィレソテーの上にのせるなど、引き立て役として使うことが中心だったが、パリで流行した時代があって、こうしてモアールが主役を張る料理が発達した。とはいえ、メインディッシュにはしづらく、これもコースのなかの温かい前菜。骨を器に使うことができるのも魅力で、あっと驚くようなプレゼンテーションができる。

ルセットは227ページ

牛モアールのポシェ　野菜のクロッカン

# テット・ド・コション　ソース・トルチュ

　元来はヴォー（仔牛）の頭を使うが、日本では入手困難なため、現在はコション（豚）を使っている。頭の各部位、脳みそ、鶏のトサカを組み合わせるのが古典料理のセオリーである。カメを使わないにもかかわらず、ソース・トルチュ（カメのソース）と呼ばれる理由は、その昔は本当に海ガメで作っていたからだという。19世紀まで海ガメは最高級材料のひとつで、1861年にリンカーンがアメリカ大統領に就任した夜、ワシントンＤＣのウィラードホテルで海ガメ料理を食した記録がある。だが、海ガメ自体が次第に減っていき、エスコフィエの時代にはすでに仔牛でカメに見立てる料理に変わり、それを私がいま豚を仔牛に見立てているわけだ。もとはといえば、1998年にパリである食通のために古典書から再現したもので、完成するまでには文句をたくさんつけられ、3度目の正直でやっと誉められたという日く付き。ついにはロブション氏のお墨付きもいただき、メニューに載せることと相成った。すると『ル・モンド』（フランスの代表的な新聞）の記者が食べに来てくれ、「なぜ、こんな古い料理を作れるのですか？」と驚かれた。彼によると、フランスでも現在作れるのはロブション氏くらいだという。それからは、雑誌やテレビ、ガイドブック……と取材の嵐で、ついには「テット・ド・ヴォーの王様」というタイトルで新聞に掲載されたりもした。「リエーブル・ア・ラ・ロワイヤル」もそうだが、歴史的なエピソードが豊富な料理は、探求してもし尽くせない深さがある。後世に残すべきだと思う。

ルセットは230ページ

*Stuffed pigs' trotters served with clams and foie gras*

# 豚足のファルシ
# アサリとフォアグラ添え

豚足のビストロ料理といえば、形のまま柔らかくゆで上げ、マスタードとパン粉をまぶしてカリッと焼いたパネが代表。それを基本形に、レストランらしい洗練を加えたひと皿。豚足を3時間かけて煮込み、骨をきれいにはずしてシート状に広げ、フォアグラ入りの鶏ムースを包み込んで蒸す。これにマスタード、溶き卵、パン粉をまぶして澄ましバターで揚げ焼きをする。トップにフォアグラとトリュフをのせ、フォン・ド・ヴォーベースのマスタード・ソースをかける。原型からはかけ離れた姿だが、構造自体はクラシックを踏襲した。アサリと豚も、古典的な組み合わせである。

ルセットは232ページ

## Young rabbit tourte, scented with summer savory
## 仔ウサギのトゥールト サリエットの香り

1997年のパリで生まれた料理で、ロブション氏から「二つ星以上に価する料理」と誉めていただいたことは忘れない。ウサギの肉と内臓を使い尽くし、パイに封じ込めてしっとり焼き上げた。肉と内臓類を同時に、ジャストの焼き加減に揃えるのがなにより重要である。白い肉と赤い内臓のコントラストを美しく仕上げなくてはならない。ジビエの野ウサギとはまったく性質の違う、家禽のウサギの繊細で淡泊な肉には、南仏の風を感じさせるサリエットのシャープな香りがよく似合う。

ルセットは234ページ

# ラ・トルチュのビストロノミー

テロワ=大地の料理という基本の哲学はかわらないが、
銀座のタテルヨシノで追究しているのが
尖鋭的なガストロノミーだとしたら、
広尾のラ・トルチュは日常的なビストロノミー。
昔ながらのパテや、シンプルに焼いた魚や肉など、
肩を張らずに食べられるビストロ料理を、
モダンでカジュアルなしつらえで提供している。
ガストロノミーとビストロノミーのふたつがあって、
はじめて私のフランス料理は完結する。

# パテ・アン・クルート

パテ、テリーヌ、ソーセージ、ハム類を主軸とするシャルキュトリーの仕事のなかで、もっとも格調高く、長い伝統を誇り、技術的にも難易度が高いのが、パテ・アン・クルートである。パリには老舗のシャルキュトリーが集まり、それぞれ自慢のパテ・アン・クルートを出している。いろんな店で買って食べているうちに、自分で作りたくなってしまったのである。フランスではこのパテだけの世界選手権が開催され、日本人はつねに上位に食い込んでいる。私が考えるに、パイの火入れのよさ、ファルスの配合、具のバランス、ジュレのおいしさ、そして断面の美しさがチェックポイントだ。私のパテは、具材に鴨、鶏、フォアグラを取り合わせ、ファルスにもベースの豚肉に3種の肉を混合する。ラ・トルチュのオープン時からの定番である。

ルセットは236ページ

# L
UCULLIUS

## ルクルス

ルクルスとは、古代ローマの軍人・政治家で、引退後は壮麗な邸宅を建て、贅沢きわまる美食三昧の生活をしたことで後世に名を残している。ヨーロッパでルクルスといえば食通の代名詞になっており、キジ、サクランボ、アンズ、モモなどを戦争のために遠征した中近東からローマに持ち込んだのも彼だといわれる。彼の名前が冠されたこのテリーヌは、忘れられていた昔の料理を復活させたもので、牛タンとフォアグラの組み合わせが醍醐味である。ここにトリュフの層を差し込めば、一段と高級感が備わるだろう。写真ではサラダを添えたが、洋梨のピュレ、りんごのパート・ド・フリュイなど、甘酸っぱいフルーツとの相性もよい。

ルセットは238ページ

## 北海道からの贈り物

阿寒湖の清らかな水で育ったエクルヴィス（ウチダザリガニ）。すでにナージュとグラタンで見せているが、ラ・トルチュではフォアグラのロワイヤルと組み合わせている。同量のフォアグラと鶏レバー、卵、牛乳の生地を蒸し上げた、風味豊かでなめらかなロワイヤルに、エクルヴィスの濃厚なだしを効かせたクリームソース。これぞフランス料理、というおいしさの温前菜である。

ルセットは240ページ

## 的鯛のクルスティアン

パリのステラマリスで人気があった魚料理のひとつ。ソースのベースは、トマトのピューレを漉して取るエッセンス。煮詰めてオリーブオイルとレモン汁を加えると、淡い茶色に変わる。香り高く、爽やかなソースである。付け合わせのミニフヌイユは、炒めてからペルノー酒と水で軽く煮て、独特の芳香を際立たせている。

ルセットは242ページ

## サーモンのミキュイ　ステラ・マリス風

パリでも日本でもお客様の高い支持をいただき、もう20年以上も作り続けているスペシャリテのひと皿である。ミキュイは「半分火が入った」という意味。一見すると生だが、いったんスモークした後にオーブンで短時間加熱し、余熱で時間をかけて半分は生で半分は火が入っているという微妙な状態に仕上げると、ねっとりとした独特の食感が得られる。本来ならば国産のサーモンを利用したいところだが、寄生虫のリスクがあるため、安全性の高いラベル・ルージュ（フランス農業水産省が高品質を保証するラベル）認証のスコットランド産サーモンを使っている。レモンクリーム、トマトのマーマレード、じゃがいもクレープとの組み合わせも定番で、だれもがおいしいと思える味ができたと思う。

ルセットは244ページ

AUTÉED BEEF LIVER WITH SHALLOT SAUCE

## 牛レバーのポワレ
## エシャロットソース

牛レバーのポワレは、ビストロメニューの定番。内臓料理が発達しているフランスでは、レバー自体の品質がすぐれており、パリのステラマリスでも、ピリッとした酸味のあるソースを添えるこのスタイルで出していた。現在、日本でも熊本の赤牛、北海道のハーブ牛など、臭みがなく、フランスに匹敵する上質なレバーが使えるようになった。低カロリー、高たんぱくの素材なので、健康に気をつかう方にもすすめたい。

ルセットは243ページ

## 喜界島アイスクリーム

ふるさとの味、喜界島特産のザラメを使ったアイスクリームである。江戸時代、薩摩藩の財政を支えたサトウキビの栽培はいまでも盛んで、サトウキビジュースと、おやつのザラメは、忘れがたい島のソウルフードである。ザラメはサトウキビの搾り汁から糖蜜の一部を除いたもので、島ザラメ、生ザラメとも呼ばれる。カラメルを吹きかけた通常の赤ザラメとは違って、色は自然のまま。黒糖のようなしつこさがなく、ミネラル分由来のさらっとしたコクがあり、後味がよいのが特徴だ。同じくサトウキビから造られる蒸留酒、ラム酒を思いきって効かせると、シンプルだが強烈な個性のアイスクリームが出来上がる。

ルセットは246ページ

# RED BELL PEPPER CREME BRULEE
## 赤ピーマンのブリュレ

以前から、ラベンダーなどを使ってブリュレのバリエーションを広げていたが、赤ピーマンは帰国してからの新作。生の赤ピーマンだけではインパクトに欠けるため、スペイン産ピキーリョ（小型で肉厚の赤ピーマン品種）の水煮を足すのがポイントである。シンプルだがビストロノミーらしい新しさがあり、野菜をデザートの領域に引き入れる試みは、時代が求める健康志向にもマッチする。

ルセットは247ページ

G OAT CHEESE TART WITH HONEY ICE CREAM

山羊のタルト・フロマージュと
蜂蜜アイスクリーム

パリのパン屋やスーパーでよく見かける庶民的なお菓子のひとつに、タルト・フロマージュ（tourteau fromagé）がある。表面があまりにも真っ黒く焦げているので、最初は失敗作だと思って食べてみたら、焦げ臭さは皆無。中身は思いがけずふわっとして、私の好きな味だった。聞けば、ポワトー地方の郷土菓子で、山羊乳チーズが原料のチーズケーキの一種だという。私にとって、山羊は一番のソウルフード。どおりで、おいしかったわけである。すっかり好きになり、ルセットを研究し、専用の型を手に入れ、自作してデザートに取り入れている。最近ではフランスでも、マイルドな牛乳製フレッシュチーズを使ったタルト・フロマージュが好まれる傾向があるが、私のルセットは伝統的な山羊乳チーズ、サント・モールをまわりの灰も皮も一緒に混ぜ込み、濃厚な風味に仕上げている。

ルセットは248ページ

どこかに
古典の存在を感じる
デセール

Dessert

私がデセールに込めるのは、伝統への敬意である。
どんなにアバンギャルドでも
そのベースには必ず古典が存在すること。
重視するのは、見た目より味。
飾りすぎず、見て美しく、食べてもっとおいしい。
デセール作りも料理と同じ、
シンプルにして根源的なルールに則っている。

# Pear "La belle Hélène"

## 洋梨のベル・エレーヌ

1870年、オッフェンバックのオペレッタ、「美しきエレーヌ」のためにオーギュスト・エスコフィエが創作した「ポワール・ベル・エレーヌ」を大胆に改変したひと皿。当時、エスコフィエは24歳。洋梨のコンポートを冷たいバニラアイスクリーム、熱いチョコレートソースとともに供するところが、革新的な発想だった。洋梨のコンポートはマリネとソルベに、バニラアイスクリームはブリュレに、チョコレートソースはカシスソースに変えて、より軽く、より爽やかに。飴細工の洋梨で、クラシックな趣を演出した。

ルセットは250ページ

# Tiramisu

## ティラミス

　ティラミスの三原則は、マスカルポーネのクリーム、ビスキュイ、コーヒー。この３種を分解して組み立て直したデセールである。マスカルポーネのクリームは、球体のムース・マスカルポーネに。中心にマスカルポーネ入りのミルクジャムを潜ませた。ビスキュイとコーヒーは、コーヒー風味のチュロスと、ソース・キャラメル・カカオ・カフェに。手前のマカデミアナッツとエグランティーヌ（野バラの実）のソースは、食感と酸味がアクセントになる。だれもが知っているお菓子だけに、大胆な再構築だが、味のイメージからは離れていないだろう。

ルセットは252ページ

## Chocolate Tart

## タルト・ショコラ

洋菓子店のタルト・ショコラは、練り込みパイにプリンタイプのチョコレート生地を流して焼くコンパクトなタイプが中心だが、これはチョコレートをフィユタージュ、クリーム、ガナッシュ、クランブル、チュイル、ブール・カカオ（泡）の6パーツに解体し、それぞれの食感の違いを楽しんでもらう。アイスクリームに効かせたティムトペッパーは、山椒に似たスパイスで、爽やかな柑橘系の香りがチョコレートを引き立てる。

ルセットは255ページ

# Lemon tart

## タルト・シトロン

練り込みパイのケースに、レモンクリームを詰めたタルト・シトロンは、もう日本でも定番になったフランス菓子。原型のタルトのままではデセールとしては重いので、薄く焼いたサブレと丸く固めたレモンクリームを重ねるスタイルに変え、オリーブオイルのアイスクリームを上にのせた。アイスクリームは低脂肪乳をベースに、卵は使わず、レモンの果皮を香らせて、牛乳10に対して1量のエクストラ・バージン・オリーブオイルを加えて作る。

ルセットは258ページ

# French toast

## パン・ペルデュ

パン・ペルデュとは直訳すると「失われたパン」、すなわちフレンチトーストのことである。通常なら朝食で食べるパン菓子をデセールに仕立てた、意外性のひと皿だ。ブリオッシュを卵と牛乳のアパレイユに浸して焼くのは原型通りだが、バターのかわりに上にのせたのは、ブッラータチーズ。イタリア産のフレッシュチーズで、中心に詰まった濃厚なクリームがバターのように熱でとろける。お客様の目の前でパセリオイル入りのソース・クレーム・ドゥーブルをかけ、召し上がってもらう。

ルセットは262ページ

# Citrus terrine
# 柑橘類のテリーヌ

オレンジ、グレープフルーツ、ピンクグレープフルーツ、ブラッドオレンジのテリーヌに、ディルオイルでマリネしたセロリ、化学的な製法で作った小さな球体のジンのジュレ、タピオカとベビーキウイのグラニテを添え、ヴェルヴェーヌのソース。アクセントに、ディルオイルを散らした。主菜＋付け合わせ＋ソースという、料理の発想に近いデセールである。

ルセットは264ページ

## Pineapple sherbet

# パイナップルのソルベ

カクテルグラスにジンのジュレと、ペルノー酒を効かせたソース・シトロンを敷き、パイナップルのスライスで巻いたソルベをのせた一品。暑い夏は、こんな酸味が強くてシンプルなデセールが食べやすい。寒い季節なら、アバンデセールにするのもよいだろう。身近なパイナップルが、ジンとペルノー酒との相乗効果で大人の味に生まれ変わる。

ルセットは261ページ

# White opera
## 白いオペラ

オペラは元来、コーヒーシロップで褐色に染めたビスキュイ・ジョコンド、ガナッシュ、コーヒー風味のバタークリームを何層にも重ね、表面をグラサージュ・ショコラでコーティングする。外観を一言で形容すると、薄くて黒いはずのオペラを、純白で立体的なデセールに変身させた。ビスキュイ・ジョコンドのなかにはコーヒーで香りづけたマスカルポーネのクリームとキャラメルを詰めている。トップにのせたのは、白いゼリーでカモフラージュしたソース・ショコラ。フォークを入れるとチョコレート色のソースが流れ出る。

ルセットは266ページ

## タテル ヨシノ・ファミリーの店紹介

### レストラン タテル ヨシノ 銀座

銀座の中心にあるストロノミック・レストラン。吉野建の本拠地になっており、古典料理の教養に裏打ちされた創作料理が、400種類のワイン、10種類のミネラル・ウォーターとともに楽しめる。店内は、生まれ育った喜界島の海を想起させるブルーをアクセントとし、12階からの眺望が素晴らしい。
東京都中央区銀座4-8-10 PIAS GINZA 12階
Tel 03-3563-1511

### タテル ヨシノ ビズ

2003年、14年ぶりの東京復帰を果たした芝パークホテル「タテル ヨシノ」の歴史を受け継ぐ。"ビストロノミー"をコンセプトに、手頃なコースとア・ラ・カルトを取り揃え、吉野建のフランス料理をカジュアルに楽しめる。
東京都港区東新橋1-7-1 パークホテル東京25階
Tel 03-6252-1155

### ブーランジェリー タテル ヨシノ プリュス

レストランで出しているバゲットをはじめ、食パン、クロワッサン、菓子パン、サンドイッチなどのパンと、焼き菓子、スイーツなど40種以上のアイテムが揃う。吉野ファンのみならず、パンマニアの注目も集める。
東京都港区東新橋1-7-1 パークホテル東京1階
Tel 03-6252-1126

### ラ・トルチュ

吉野建のスペシャリテが、カジュアルでモダンなしつらえで味わえる「アットホームなビストロ」。広尾商店街から1本入った路地の奥、明るいスミレ色の店の中庭には鉢植えのハーブが茂り、一瞬、都会の喧噪を忘れる。ひと皿をシェアしてもOKな気楽な雰囲気が魅力である。
東京都渋谷区広尾5-14-14
第二大澤ビル1階
Tel 03-6459-3713

### オテル・ド・ヨシノ

瀬戸内海と太平洋の両方から届く魚介、地元産のジビエ、野菜、果物。海の幸、山の幸の両方に恵まれた和歌山ならではの「テロワの料理」を求め、県外のファンも多い。窓からは和歌山市が一望できる。
和歌山県和歌山市手平2-1-2
和歌山ビッグ愛12階
Tel 073-422-0001

### メゾン タテル ヨシノ

2016年、大阪の中心に立つANAクラウンプラザホテル大阪内にオープン。ホワイトとゴールドが基調のインテリアは、喜界島の自然環境をイメージしてデザインされた。サービスはレストラン タテル ヨシノ 銀座の田中優二が監修し、伝統的なデクパージュを楽しめる。
大阪府大阪市北区堂島浜1-3-1
ANAクラウンプラザホテル大阪2階
Tel 06-6347-1128

### テラスレストラン 海の星

瀬戸内海を現代美術のスポットに変えたベネッセアートサイト直島の宿泊施設、ベネッセハウス内のテラスレストラン。瀬戸内の素材を生かしたリゾートらしいフレンチのなかに、吉野建のスピリットが息づいている。
香川県香川郡直島町琴弾地
ベネッセハウスビーチ横
Tel 087-892-2030

### オセロ

「いつかスキー場に隣接したレストランをやってみたい」という夢が実現し、2018年12月、長野県白馬村のシェイクスピアホテルの敷地内にオープン。ホテル本館は、16世紀英国のシェイクスピアの生家を、レストラン棟はシェイクスピアの学校を再現している。
長野県北安曇郡白馬村北城3020-682
シェイクスピアホテル隣
Tel 0261-72-2030

「レストラン タテル ヨシノ 銀座」のスタッフたち。
総支配人の田中優二とシェフの関好志、
そして魂のひと皿のために頑張ってくれている
ファミリー全員に感謝したい。

# Recettes

## カラーページで紹介した料理のルセット

- 材料の分量について、ひとつの料理で、たとえば主役の肉は1人分であるのに、ソースは4人分、付け合わせは8人分といったように、各パーツの人数分が統一されていないルセットが数多くあります。これは、実際に営業で作っている分量から数字を出したためです。また、人数分が出しづらいため、省略した料理もあります。おのおのが分量から判断し、それぞれの料理作りに合った調整をしてください。
- 「バター」は、すべて食塩不使用バターを使用しています。
- とくに記した場合を除き、「生クリーム」はすべて乳脂肪分38％を使用しています。
- とくに記した場合を除き、「砂糖」はすべてグラニュー糖を使用しています。
- 「フォアグラ」は、すべて鴨のフォアグラを使用しています。
- ルセットはできるかぎり細かく解説していますが、素材の状態、気候、使用する器具などによって、出来上がりの味は変わってきます。ルセットの分量や時間、温度をひとつの目安にして、そのときどきに応じた調整をしてください。

# 野ウサギの宮廷風　2000年パリ

カラー写真は 10 ページ

**材料**　24人分

ファルス
- 野ウサギもも肉 ……………… 350g
- 豚肩ロース肉 ………………… 200g
- 豚の背脂 ……………………… 250g
- 仔牛もも肉 …………………… 200g
- コニャック …………………… 60㎖
- ポルト酒 ……………………… 30㎖
- 赤ワイン ……………………… 30㎖
- にんにく ……………………… ½個分
- タイム ………………………… ½パック
- ローリエ ……………………… 10枚
- 野ウサギのレバー …………… 4羽分
- フォアグラのテリーヌ ……… 200g
- シャンピニオンみじん切り … 300g
- エシャロットみじん切り …… 200g
- にんにくみじん切り ………… 4g
- バター ………………………… 適量
- 野ウサギの肺 ………………… 4羽分
- トリュフみじん切り ………… 20g
- パン粉 ………………………… 50g
- 全卵 …………………………… 2個
- 豚血 …………………………… 適量
- 赤ワインヴィネガー ………… 少々
- キャトルエピス ……………… 適量
- ねずの実 ……………………… 20個
- 塩、黒こしょう ……………… 各適量

野ウサギの背肉 ………………… 4羽分
コニャック ……………………… 60㎖
ポルト酒 ………………………… 30㎖
赤ワイン ………………………… 30㎖
にんにく ………………………… ½個分
タイム …………………………… ½パック
ローリエ ………………………… 10枚
フォアグラ ……………………… 適量
豚背脂スライスシート ‥ 40×20㎝8枚

煮汁
- 赤ワイン ……………………… 8〜10本
- にんじん ……………………… 2本
- 玉ねぎ ………………………… 1個
- セロリ ………………………… 1本
- にんにく ……………………… 2個

ソース
- 野ウサギのガラ ……………… 4羽分
- サラダ油 ……………………… 適量
- 煮汁 …………………………… 4ℓ
- フォン・ド・ヴォー（269ページ）‥ 1ℓ
- 赤ワインヴィネガー ………… 適量
- 豚血 …………………………… 1ℓ
- 黒粒こしょう ………………… 10個
- ココアパウダー ……………… 少々
- 塩、黒こしょう ……………… 各適量

フィユタージュ（271ページ）… 適量

ビーツのピューレ
- ビーツ ………………………… 5㎏
- 塩 ……………………………… 適量
- 赤ワインヴィネガー ………… 100㎖
- アンズのシロップ煮 ………… 50g
- 砂糖 …………………………… 適量

カリンのピューレ
- カリン ………………………… 5㎏
- 青りんご ……………………… 1㎏
- 砂糖 …………………………… 720g

カカオのチュイル
- 強力粉 ………………………… 10g
- 薄力粉 ………………………… 10g
- ココアパウダー ……………… 25g
- 粉糖 …………………………… 25g
- 卵白 …………………………… 65g
- 塩 ……………………………… 1g

ファアグラソテー ……………… 20g×24枚
トリュフ薄切り ………………… 24枚

**作り方**

**ファルスを作る**

1 肉はすべて3cm角に切り、コニャック、ポルト酒、赤ワイン、にんにくの薄切り、タイム、ローリエをまぶして冷蔵庫で一晩マリネする。
2 翌日、にんにく、タイム、ローリエを取りはずし、野ウサギのレバー、フォアグラのテリーヌと一緒にミンチ機にかけて中挽きにする。
3 シャンピニオンとエシャロット、にんにくはバターで炒め、さましておく。
4 **2**と**3**をボウルに入れ、ミキサーでピューレにした野ウサギの肺、トリュフ、パン粉、全卵、豚血、赤ワインヴィネガー、キャトルエピス、細かく刻んだねずの実を加えてよく練り合わせて塩、こしょうで味を調える。

**ファルスを背肉で包んで煮込む**

1 野ウサギの肋骨を半分に切って左右に分け、背肉を骨から取りはずす。腹側の薄い部分はつけたままにする。コニャック、ポルト酒、赤ワイン、にんにくの薄切り、タイム、ローリエをまぶして冷蔵庫で一晩マリネする。
2 フォアグラは3cm×3cm×5cmくらいの四角柱8本に切る。
3 背肉のにんにく、タイム、ローリエを除き、薄い肉の部分にファルスを伸ばし、フォアグラをのせ、その上にファルスを伸ばし、くるりと巻く。
4 背脂スライスシートで包み、アルミフォイルできっちりと巻く。両端をたこ糸で縛り、型崩れしないよう何か所か結んでおく。
5 バットに赤ワイン、2cm角に切った玉ねぎ、にんじん、セロリ、半割にしたにんにくを入れ、肉を並べて強火にかける。
6 沸騰したらアルミフォイルで蓋をして密閉し、200℃のオーブンに入れ、オーブンの火を消して一晩そのままおく。
7 翌日、取り出してアルミフォイルとたこ糸をはずす。
8 煮汁を少し取り置き、肉を浸して保存しておく。ソースを作る。煮汁の残りを鍋に移し、細かく叩いてサラダ油で炒めた野ウサギのガラ、フォン・ド・ヴォー、赤ワインヴィネガーを加え、3時間煮込む。
9 シノワで漉し、豚血を加えて60℃まで加熱する。そこに肉を入れ、一晩おいて味をなじませる。

**ビーツとカリンのピューレ、カカオのチュイルを作る**

1 ビーツは皮つきのまま塩と赤ワインヴィネガー入りの湯で、竹串がすっと通るようになるまでゆでる。
2 皮をむき、適当な大きさにカットする。
3 アンズのシロップ煮と一緒にミキサーにかけてピューレにし、シノワで漉す。
4 使うぶんだけ鍋に取り、砂糖で甘味、赤ワインヴィネガーで酸味を調節する。

5　カリンと青りんごの皮をむき、種を取り、細かく刻み、砂糖をまぶして真空パックにする。
6　90℃のスチームコンベクションオーブンで1時間加熱する。
7　ミキサーにかけてピューレにし、シノワで漉す。
8　カカオのチュイルの材料をよく混ぜ合わせ、シャブロンを使ってシルパットの上に細長い涙形に刷り込む。
9　170℃のオーブンで焼き、温かいうちにカールさせる。

**仕上げをする**
1　肉をソースから取り出して水気を取り、2mmに伸ばしたフィユタージュで包み、230℃のオーブンで9分焼き、温かいところで休ませる。
2　ソースを仕上げる。鍋に砕いた黒粒こしょうを入れて軽く煎り、香りを立てる。赤ワインヴィネガーを入れて酸味を飛ばし、ソースベースを加え、軽く煮詰める。
3　シノワで漉し、塩、こしょう、ココアパウダー、赤ワインヴィネガーで味を調える。
4　皿にソースを敷き、両端を切り揃えた肉を立て、上にチュイル、フォアグラソテー、トリュフをのせ、ビーツとカリンのピューレを添える。

# 野ウサギのシヴェ　ロワイヤル風

カラー写真は 12 ページ

## 材料

| | |
|---|---|
| 野ウサギ | 1羽 |
| フォアグラ | 250g |
| 塩、黒こしょう | 各適量 |
| 赤ワイン | 3ℓ |
| コニャック | 200mℓ |
| サラダ油 | 適量 |
| 玉ねぎ | 1個 |
| にんじん | 2本 |
| セロリ | 1本 |
| ブーケ・ガルニ | 1本 |
| クローブ | 2個 |
| ねずの実 | 6個 |

## 作り方

### フォアグラを詰めてマリネする

1　尾から頭に向けて野ウサギの皮をはぎ、心臓、腎臓、レバー以外の内臓を取り除く。
2　腹のなかにフォアグラ200gを詰め、全体に塩、こしようをする。
3　後ろ足を腹につけてしっかりと折りたたみ、全体に数回たこ糸を巻いてまとめる。
4　容器に野ウサギ、赤ワイン、コニャック、サラダ油100mℓ、乱切りにした玉ねぎ、にんじん、セロリ、ブーケ・ガルニ、クローブ、ねずの実を入れて、冷蔵庫で一晩マリネする。

### 赤ワインで煮込む

1　マリネした材料をシノワで漉し、野ウサギ、野菜類、ブーケ・ガルニ、香辛料に分ける。
2　野菜類をサラダ油でよく炒める。
3　液体を一度沸騰させてから、シノワで漉して野ウサギが丸ごと入る大きな鍋に入れる。
4　**3**に野ウサギ、**2**、ブーケ・ガルニ、香辛料を加え、弱火で3時間煮込む。
5　野ウサギを取り出して煮汁をシノワで漉す。
6　漉した煮汁を鍋に戻し、3分の1量になるまで煮詰める。
7　フォアグラ50gを裏漉して煮汁に混ぜ、塩、こしょうで味を調え、野ウサギを戻して温める。

（ルセットのみ中央公論社シェフ・シリーズ35『野生の恵み』より再録）

# イノシシ肉のカルパッチョ

カラー写真は 16 ページ

**材料　2人分**

イノシシロース肉 ………………… 150 g
ゆで汁
　┌ 鶏のブイヨン（269ページ）…… 1ℓ
　│ タイム ……………………………… 1本
　│ ローリエ …………………………… 1枚
　│ にんにく …………………………… 2片
　└ 八角 ………………………………… 1個
泡のソース
　┌ ゆで汁 …………………………… 200 mℓ
　│ 生クリーム ……………………… 15 mℓ
　│ 牛乳 ……………………………… 50 mℓ
　│ ケッパーの漬け汁 ………………… 5 mℓ
　│ レフォールすりおろし …………… 5 g
　│ コニャック ………………………… 少々
　└ 塩、白こしょう ………………… 各適量

野菜の付け合わせ ………………… 適量
ヴィネグレット・トリュフ（271ページ）
　　　　　　　　　　　　　　………… 適量
トリュフ細切り …………………… 3 g
洋ねぎ細切り ……………………… 少々
シブレット小口切り ……………… 少々
黒粒こしょう、粗挽きの塩 …… 各少々

**作り方**

**イノシシ肉を低温でゆで、泡のソースを作る**

1　イノシシのロース肉はかたまりで使う。ゆで汁の材料をゆっくりわかす。
2　香りがよく液体に移ったら、80℃まで温度を下げ、肉を入れる。
3　80℃に保ったまま15分ゆでる。引き上げてロゼになっていたらOK。
4　ゆで汁を半量に煮詰めたら、生クリーム、牛乳、ケッパーの漬け汁、レフォール、コニャックを合わせて塩、こしょうで味を調える。盛りつける直前に、バーミックスで泡立てる。

**野菜を用意し、仕上げる**

1　付け合わせの野菜をヴィネグレット・トリュフであえる。ここでは、ブロッコリー、ごぼう、姫にんじん、小かぶ、さやいんげん、ロマネスコ、スナップえんどう（以上は塩ゆでして小さく切る）、ラディッシュの薄切り、セミドライトマト、セリ、ナズナ、ハコベを使用している。
2　肉をスライスして皿に並べ、上にトリュフと洋ねぎを飾り、シブレットと砕いた黒粒こしょう、粗挽きの塩をふる。
3　まわりに1を添え、泡のソースを数か所にかける。

# イノシシ肉のポトフー　1987年仕立て

カラー写真は 20 ページ

**材料　2人分**

イノシシロース肉 …………… 150g
ゆで汁
  ┌ 鶏のブイヨン（269ページ）… 500mℓ
  │ 八角 ………………………… 1個
  │ ねずの実 …………………… 3個
  └ 白粒こしょう ……………… 少々
姫大根 …………………………… 1本
姫にんじん ……………………… 1本
小かぶ …………………………… 1個
ミニポワロー …………………… 1本
しめじ …………………………… 1本
さやいんげん …………………… 1本
シャンピニオン ………………… 1個
プチトマト ……………………… 1個
塩、白こしょう ……………… 各適量
黒粒こしょう、粗挽きの塩 …… 各少々
シブレット、ナズナ ………… 各少々

**作り方**

**肉と野菜をゆでて盛りつける**

1　イノシシのロース肉はかたまりで使う。ゆで汁の材料をゆっくりわかす。
2　香りがよく液体に移ったら、80℃まで温度を下げ、肉を入れる。
3　80℃に保ったまま15分ゆでる。引き上げてロゼになっていたらＯＫ。
4　野菜は火の通りにくい順番に肉のゆで汁で煮る。
5　2cm厚さにスライスした肉と野菜をスープ皿に盛り、塩、こしょうで味を調えた熱々のスープを注ぐ。
6　砕いた粒こしょうと粗挽きの塩をふり、シブレットとナズナを飾る。

# イノシシバラ肉のシヴェ　1987年仕立て

カラー写真は18ページ

**材料　30人分**

| | |
|---|---|
| イノシシバラ肉 | 5 kg |
| 赤ワイン | 7本 |
| 赤ワインヴィネガー | 135 ml |
| 玉ねぎ | 2個 |
| にんじん | 1本 |
| セロリ | 1本 |
| サラダ油 | 適量 |
| トマトペースト | 20 g |
| 黒粒こしょう | 10個 |
| タイム | 3本 |
| ローリエ | 2枚 |
| ねずの実 | 15個 |
| クローブ | 3個 |
| 八角 | 2個 |
| フォン・ド・ヴォー（269ページ） | 1 l |
| 豚血 | 1 l ＋適量 |
| 塩、黒こしょう | 各適量 |

ビーツのピューレ
- ビーツ　　　　　　　　　5 kg
- 塩　　　　　　　　　　　適量
- 赤ワインヴィネガー　　　100 ml
- アンズのシロップ煮　　　50 g
- 砂糖　　　　　　　　　　適量

ヌイユのクリームあえ
- タリアテッレ　　　　　　適量
- 生クリーム　　　　　　　適量
- 鶏のブイヨン（269ページ）　適量
- 塩、白こしょう　　　　　各適量

パルメザンチーズ、トリュフ、トリュフオイル　　　　各適量
松の実、ペコロス、ベーコン、イタリアンパセリ、シャンピニオン　　各適量

**作り方**

**バラ肉をマリネして煮込む**

1　イノシシのバラ肉は10 cm角に切り分け、容器に入れて赤ワイン、赤ワインヴィネガーを注ぎ、2～3 cm角に切った玉ねぎ、にんじん、セロリを加えて冷蔵庫で一晩マリネする。

2　肉を取り出し、サラダ油でソテーして表面に焼き色をつけて、鍋に移す。

3　肉をソテーしたフライパンでマリネの野菜を炒めて鍋に移し、マリネ液、トマトペースト、黒粒こしょう、タイム、ローリエ、ねずの実、クローブ、八角、フォン・ド・ヴォーを加えて強火で煮る。

4　沸騰したらアクを除き、弱火にして静かにわいている状態で3時間コトコトと煮込む。

5　肉を取り出し、煮汁をシノワで漉して、半量まで煮詰める。

6　粗熱を取り、豚血1 l を混ぜ合わせて60℃まで温める。

7　肉を煮汁に戻し、一晩なじませる。

8　翌日、肉を取り出して煮汁を少し煮詰め、塩、こしょうで味を調え、必要なら豚血を加えて濃度と味を調節してソースに仕上げる。肉は適当にカットする。

**ビーツのピューレを作る**

1　ビーツは皮つきのまま塩と赤ワインヴィネガー入りの湯で、竹串がすっと通るようになるまでゆでる。
2　皮をむき、適当な大きさにカットする。
3　アンズのシロップ煮と一緒にミキサーにかけてピューレにし、シノワで漉す。
4　使うぶんだけ鍋に取り、砂糖で甘味、赤ワインヴィネガーで酸味を調節する。

**仕上げをする**

1　ヌイユのクリームあえを作る。タリアテッレを塩ゆでする。
2　生クリームを煮詰め、煮詰めた鶏のブイヨンを加える。
3　2に水気を切った1を加えてあえ、塩とこしょうで味を調える。
4　皿にソースで温めたバラ肉を盛り、ソースをかける。
5　ビーツのピューレをクネル形にすくって添える。
6　3を添え、おろしたパルメザンチーズ、トリュフのみじん切り、トリュフオイルをふる。
7　ローストした松の実、スライスして軽くソテーしたペコロス、小さく切ってソテーしたベーコン、イタリアンパセリ、スライスしたシャンピニオンを肉に飾る。

# 鹿ロース肉のロースト　ロッシーニ風

カラー写真は 22 ページ

**材料　1人分**

ソース・グラン・ヴヌール（20人分）
- 黒粒こしょう ……………………… 10個
- ねずの実 …………………………… 10個
- 赤ワインヴィネガー ……………… 15g
- レッドカラントのジャム ………… 25g
- 鹿のフォン（269ページ） ……… 400g
- フォアグラのテリーヌ …………… 20g
- 豚血 ………………………………… 適量
- 塩、黒こしょう ………………… 各適量

鹿ロース肉 ………………………… 100g
塩、黒こしょう ………………… 各適量
サラダ油、バター ……………… 各適量
ほうれん草 ………………………… 1本
りんご ……………………………… 2枚
砂糖 ………………………………… 少々
パンデピス薄切り ………………… 1枚
ビーツのピューレ ………………… 20g
根セロリのピューレ ……………… 20g
クランベリー ……………………… 適量
フォアグラソテー ………………… 15g
トリュフ薄切り …………………… 1枚
黒粒こしょう、粗挽きの塩 …… 各少々

**作り方**

**ソース・グラン・ヴヌールを作る**

1　鍋で小さく砕いた黒粒こしょう、ねずの実をから煎りして香りを立たせる。
2　赤ワインヴィネガーを加え、酸味を飛ばして煮詰める。
3　ジャム、フォン、フォアグラのテリーヌを加えて半量になるまで煮詰める。
4　コクと厚みが出るまで豚血を加え、塩、こしょう、必要なら赤ワインヴィネガーで味を調える。

**肉を焼いて付け合わせを作る**

1　鹿肉に塩、こしょうする。鍋にサラダ油とバターを熱し、表面を色づける。
2　140℃のオーブンで10分ローストし、温かいところで休ませる。盛りつける直前に、もう一度フライパンで表面を焼いて熱くする。
3　ほうれん草はバターで炒める。
4　櫛形に切ったりんごに砂糖をまぶし、フライパンで炒めてキャラメリゼし、バターをからめる。
5　皿にパンデピスを敷いて半分に切った鹿肉を盛る。
6　ビーツのピューレ（162ページ「野ウサギの宮廷風　2000年パリ」参照）、ほうれん草とりんご、根セロリのピューレ（176ページ「キジのパイ包み焼き」参照）、クランベリーを添える。
7　鹿肉にフォアグラソテーとトリュフをのせ、砕いた黒粒こしょうと粗挽きの塩をふる。

# ツキノワグマのシヴェ

カラー写真は 24 ページ

**材料　30人分**

| | |
|---|---|
| ツキノワグマ肉 | 5 kg |
| 赤ワイン | 8本 |
| 赤ワインヴィネガー | 140 mℓ |
| 玉ねぎ | 2個 |
| にんじん | 1本 |
| セロリ | 1本 |
| サラダ油 | 適量 |
| トマトペースト | 20 g |
| 黒粒こしょう | 10個 |
| タイム | 3本 |
| ローリエ | 2枚 |
| ねずの実 | 20個 |
| クローブ | 3個 |
| 蜂蜜 | 140 g |
| フォン・ド・ヴォー（269ページ） | 1 ℓ |
| 豚血 | 1 ℓ＋適量 |
| 塩、黒こしょう | 各適量 |
| ココアパウダー | 適量 |

**ガルニチュール（1人分）**

| | |
|---|---|
| りんご | 1切 |
| 砂糖、バター | 各少々 |
| トリュフ薄切り | 2枚 |
| シャンピニオン薄切り | 2枚 |
| クルミ | 少々 |
| ココアパウダー | 少々 |
| ハーブのブーケ | 1束 |
| セリ | 2本 |
| あんぽ柿 | 10 g |
| クランベリー | 6個 |
| ねずの実 | 少々 |

**memo**
ツキノワグマの肉は、バラや腕、後ろ足などを使う。

## 作り方

### 肉をマリネして煮込む

1. ツキノワグマの肉を10cm角に切り分け、容器に入れて赤ワインと赤ワインヴィネガーを注ぎ、2〜3cm角に切った玉ねぎ、にんじん、セロリを加えて冷蔵庫で一晩マリネする。
2. 肉を取り出し、サラダ油でソテーして表面に焼き色をつけて、鍋に移す。
3. 肉をソテーしたフライパンでマリネの野菜を炒めて鍋に移し、マリネ液、トマトペースト、黒粒こしょう、タイム、ローリエ、ねずの実、クローブを加えて強火で煮る。
4. 沸騰したらアクを除き、弱火にして静かにわいている状態で3時間コトコトと煮込む。
5. 肉を取り出し、煮汁をシノワで漉して、蜂蜜とフォン・ド・ヴォーを加えて半量まで煮詰める。
6. 粗熱を取り、豚血1ℓを混ぜ合わせて60℃まで温める。
7. 肉を煮汁に戻し、一晩なじませる。
8. 翌日、肉を取り出して煮汁を少し煮詰め、塩、こしょうで味を調え、ココアパウダーを隠し味程度に混ぜ合わせる。必要なら豚血を加えて濃度と味を調節してソースに仕上げる。肉は適当にカットする。

### 仕上げをする

1. 櫛形に切ったりんごに砂糖をまぶし、少しのバターで炒めてキャラメリゼする。
2. 皿にソースで温めた肉を盛り、ソースをかけてトリュフとシャンピニオン、ローストして砕いたクルミを飾り、ココアパウダーをふる。
3. ハーブのブーケとセリを添え、小さく切ったあんぽ柿、りんご、クランベリー、砕いたねずの実をあしらう。

# クマの手のロワイヤル風

カラー写真は 26 ページ

**材料　1人分**

クマの手 …………………… 小1本
ゆで汁
　┌ 鶏のブイヨン（269ページ）…… 適量
　│ タイム ……………………… 1本
　│ ローリエ …………………… 1枚
　│ ねずの実 …………………… 5個
　└ 白粒こしょう …………… 10個
ファルス
　┌ あんぽ柿 ………………… ½個
　│ シャンピニオンのバターソテー … 20g
　│ ジビエ肉ミンチ …………… 5g
　│ ねずの実 …………………… 3個
　└ 塩、白こしょう ……… 各適量
赤ワイン …………………… 適量
ソース
　┌ ゆで汁 ………………… 500ml
　│ 赤ワイン ……………… 350ml
　│ フォン・ド・ヴォー（269ページ）
　│ ………………………………… 少々
　│ フォアグラのテリーヌ ……… 少々
　│ 豚血 ………………………… 適量
　│ ココアパウダー …………… 少々
　└ 塩、白こしょう ……… 各適量

アンディーヴのブレゼ
　┌ アンディーヴ ……………… ½個
　│ 水、砂糖、レモン汁 …… 各少々
　└ オレンジマーマレード …… 少々
セリ ………………………… 1本
バター ……………………… 少々
紅芯大根薄切り …………… 2枚
ヴィネグレット・トリュフ（271ページ）
　……………………………… 適量
カリンのピューレ ……… 20g
ドライクランベリー …… 2個
ドライイチジク ………… 1個
松の実 ……………………… 少々
クルミ ……………………… 少々
イタリアンパセリ ……… 少々
カカオのチュイル ……… 1枚
ピンクペッパー ………… 5個

**作り方**

**クマの手に詰めものをして煮る**

1　毛抜きでクマの手の毛をていねいに取り除く。
2　ゆで汁で3時間くらい、柔らかくなるまでゆでる。
3　爪と骨を取りはずす。
4　1cm角に刻んだあんぽ柿、1cm角に刻んでバターで炒めたシャンピニオン、ジビエ肉のミンチ（186ページ「ジビエのトゥールト」のファルスと同じもの）、細かく砕いたねずの実、塩、こしょうを混ぜ合わせる。
5　手の中心に**4**をのせてもとの形に戻す。アルミフォイルで筒状に巻く。
6　わかした赤ワインで1時間煮込む。

**ソースを作って仕上げる**

1　手をゆでたブイヨンを3分の1量になるまで煮詰める。
2　別の鍋で赤ワインを3分の1量になるまで煮詰める。
3　1と2を合わせ、フォン・ド・ヴォーとフォアグラのテリーヌを混ぜて軽く煮て、豚血を加えてつなぎ、ココアパウダーでコクを出す。塩、こしょうで味を調える。
4　アンディーヴは水、砂糖、レモン汁と一緒に真空パックにして90℃のスチームコンベクションオーブンで20分加熱する。
5　袋から出して葉の間にマーマレードを塗る。
6　セリはバターでソテーする。
7　紅芯大根はさっとゆで、ヴィネグレット・トリュフであえる。
8　皿にセリのソテーを敷いてクマの手をのせ、ソースをかける。
9　まわりにカリンのピューレ（162ページ「野ウサギの宮廷風　2000年パリ」参照）、紅芯大根、ドライクランベリー、アンディーヴ、ドライイチジクを並べ、ローストした松の実と砕いたクルミをふり、イタリアンパセリを飾る。
10　クマの手にピンクペッパーとカカオのチュイル（162ページ「野ウサギの宮廷風　2000年パリ」参照）を飾る。

# キジのブイヨン　1987年仕立て

カラー写真は28ページ

**材料**　12人分

| | |
|---|---|
| キジのガラ | 2羽分 |
| 玉ねぎ（黒焼き用） | 1枚 |
| 玉ねぎ | 少々 |
| にんじん | 少々 |
| セロリ | 少々 |
| にんにく | 3片 |
| タイム | 3本 |
| ローリエ | 小1枚 |
| クローブ | 2個 |
| ねずの実 | 5個 |
| 白粒こしょう | 8個 |
| セロリの葉 | 5枚 |
| 鶏のブイヨン（269ページ） | 1ℓ |
| 塩、白こしょう | 各適量 |

パナード
- 水 ……… 150mℓ
- 塩 ……… 2g
- 薄力粉 ……… 75g
- バター ……… 25g

クネル
- キジのくず肉 ……… 45g
- 生クリーム ……… 25g
- パナード ……… 30g
- タイムの葉 ……… 少々
- 塩、白こしょう ……… 各適量
- 鶏のブイヨン（269ページ）……… 適量

もも肉のキャベツ包み
- ちりめんキャベツ ……… 2枚
- キジもも肉 ……… 1羽分
- 生ベーコン ……… 棒切り4本
- タイムの葉 ……… 少々
- 塩、白こしょう ……… 各適量

胸肉のソテー
- キジ胸肉 ……… ½羽分
- 塩、白こしょう ……… 各適量
- バター ……… 適量
- にんにく、タイムの葉 ……… 各少々

ガルニチュール（1人分）
- 姫大根、姫にんじん ……… 各1本
- さやいんげん ……… ⅓本
- しめじ ……… 3本
- つぼみ菜 ……… ½本
- ゆで栗 ……… 1個
- シブレット ……… 少々
- トリュフ薄切り ……… 1枚
- トリュフオイル ……… 少々

**作り方**

**キジのガラでブイヨンを作る**

1　包丁で軽くガラを叩いて細かくし、関節を落とす。1cm程度の輪切りにした玉ねぎを黒く焼いておく。別に玉ねぎ、にんじん、セロリ各少々を薄切りにする。にんにくは押しつぶす。

2　鶏のブイヨンまでの材料全部を鍋に入れ強火にかける。

3　沸騰したら弱火にし、アクをていねいに取る。

4　にごらないよう、静かにわいた状態で30分煮てクリアなブイヨンに仕上げる。

5　シノワで漉して、塩、こしょうで味を調える。

**クネル、もも肉のキャベツ包み、胸肉のソテーを用意する**

1　パナードを作る。水に塩を入れてわかし、薄力粉を加え、よく練って粉に火を通す。火を止めてバターを混ぜ合わせる。
2　キジのムースを作る。くず肉をフードプロセッサーでまわして裏漉し、なめらかなムースにする。
3　ムースを生クリームでのばし、パナード、タイムの葉を混ぜ合わせ、塩、こしょうで味を調える。
4　わかした鶏のブイヨンのなかにティースプーンですくって落とし、浮き上がってきたら水気を切る。
5　キャベツは塩ゆでして芯を取り除き、2枚を重ねて広げる。
6　骨を抜いて開いたもも肉をのせて広げ、中心に生ベーコンを並べ、タイムの葉を散らし、塩、こしょうをふる。
7　筒状に丸め、ラップで包んで成形する。
8　わいた湯で中心を半生の状態にゆで上げる。
9　胸肉に塩、こしょうをし、にんにく、タイムと一緒にバターで表面だけソテーする。

**仕上げをする**

1　姫大根、姫にんじん、さやいんげん、しめじの傘、つぼみ菜は塩ゆでする。
2　スープ皿に1、クネル、ゆで栗、薄く切ったもも肉のキャベツ包みと胸肉のソテー、シブレット、トリュフ薄切りを並べ、ブイヨンを注ぎ、トリュフオイルをたらす。

# キジのパイ包み焼き

カラー写真は 30 ページ

**材料** 4人分

ファルス
- キジもも肉 ……………… 1羽分
- 鶏レバー ………………… 80g
- 豚もも肉 ………………… 80g
- にんにく ………………… 1片
- タイム …………………… 1本
- ローリエ ………………… 1枚
- コニャック、白ポルト酒 …… 各適量
- 塩、白こしょう ………… 各適量

ちりめんキャベツのエチュベ
- ちりめんキャベツ ……… 30g
- 生ベーコン ……………… 30g
- ねずの実 ………………… 10個
- バター …………………… 20g
- タイム …………………… 1本
- 鶏のブイヨン（269ページ）…… 60ml
- 塩、白こしょう ………… 各適量

センター
- キジ胸肉 ………………… 2羽分
- ちりめんキャベツ ……… 4枚
- フォアグラソテー ……… 20g×4枚
- トリュフ薄切り ………… 8枚
- ちりめんキャベツのエチュベ …… 20g
- 塩、白こしょう ………… 各適量

パート・ブリゼ（271ページ）…… 適量
フィユタージュ（271ページ）…… 適量
卵黄 ………………………… 適量
澄ましバター ……………… 適量

ソース
- キジのガラ ……………… 2羽分
- サラダ油 ………………… 適量
- にんにく ………………… 1個
- 玉ねぎ …………………… ¼個
- にんじん ………………… ¼本
- セロリ …………………… ½本
- 鶏のブイヨン（269ページ）…… 1ℓ
- タイム …………………… 1本
- ローリエ ………………… 1枚
- 白粒こしょう …………… 5個
- ねずの実 ………………… 2個
- クローブ ………………… 1個
- 塩、白こしょう ………… 各適量

根セロリのピューレ
- 根セロリ ………………… 1個
- メークイン ……………… 1個
- バター …………………… 200g
- 牛乳 ……………………… 1ℓ
- 生クリーム ……………… 適量
- 塩 ………………………… 適量

## 作り方

**ファルスの材料をマリネする**

1　肉類はすべて3cm角に切る。
2　1に薄切りのにんにく、タイム、ローリエ、コニャック、白ポルト酒をまぶして冷蔵庫で一晩マリネする。

**センターを用意する**

1　ちりめんキャベツのエチュベを作る。キャベツは塩ゆでして1cmの角切りにし、生ベーコンはみじん切りにする。ねずの実は細かく刻む。
2　生ベーコンとねずの実をバターで炒め、キャベツを加えて軽く炒める。

3　タイムと鶏のブイヨンを加え、蓋をして柔らかくなるまで蒸し煮し、塩とこしょうで味を調えて冷ます。
4　センターを作る。キジ胸肉は皮を取りはずし、全体が平均した厚さになるように切り開き、1枚を二等分して塩、こしょうをふる。
5　ちりめんキャベツは芯を削いで柔らかく塩ゆでし、半分に切る。
6　サラダ油でソテーしたフォアグラをトリュフ2枚で挟む。
7　ラップの上にキャベツをのせ、ちりめんキャベツのエチュベを広げて中心に4と6を置き、ラップできれいに丸く成形する。

### パイで包んで焼く

1　マリネした肉類から香料を除き、ミンチ機で中挽きにし、塩、こしょうを混ぜて練り合わせてファルスを作る。
2　2mm厚さに伸ばしたパート・ブリゼをセンターよりひとまわり大きな丸に抜き、中心にファルスを少し広げ、その上にセンターをのせて、残りのファルスで全体を覆う。パート・ブリゼを上に折る。
3　2mm厚さに伸ばしたフィユタージュをふたまわり大きな丸に抜き、ぴたりと包む。
4　卵黄を塗って乾かし、もう一度塗って、乾いたらナイフで模様を入れる。
5　230℃のコンベクションオーブンで6分焼き、5分温かい場所で休ませる。
6　同じ温度で今度は3分焼き、同様に5分休ませる。
7　澄ましバターを表面に塗り、230℃で5分焼き、完成。

### ソースを作る

1　ガラを小さく叩き、サラダ油で炒める。
2　きつね色になったら半割りにしたにんにくを加え、さらに炒める。
3　香りが出たら薄切りにした玉ねぎ、にんじん、セロリを加え、しんなりするまで炒める。
4　鶏のブイヨンとタイム、ローリエ、白粒こしょう、ねずの実、クローブを加え、アクを取り、1時間煮込む。
5　目の細かいシノワで漉してさらに煮詰め、塩、こしょうで味を調える。

### ピューレを作り、仕上げる

1　根セロリとメークインは皮をむいて1cm角に切る。
2　たっぷりのバターでゆっくり中火で炒める。
3　牛乳を加えて柔らかくなるまで煮て、ミキサーでピューレにする。
4　目の細かいシノワで漉し、鍋に戻して生クリームとバター、塩で調味する。
5　皿にソースを敷いてパイ包み焼きをのせ、ピューレを添える。

# 山シギのロースト　1987年仕立て

カラー写真は32ページ

**材料**　1人分

山シギ ………………………… 1羽
塩、白こしょう ……………… 各適量
サラダ油 ……………………… 適量
クルトン
├ 山シギのレバー …………… 1羽分
│ 山シギの心臓 ……………… 1羽分
│ にんにくみじん切り ……… 1片
│ タイム ……………………… 1本
│ バター ……………………… 少々
│ コニャック ………………… 少々
│ シャンピニオンみじん切り … 1個
│ パセリみじん切り ………… 小さじ1
│ エシャロットみじん切り … 小さじ1
│ フォアグラのテリーヌ …… 20g
│ 塩、白こしょう …………… 各適量
└ 食パン薄切り ……………… 1枚
じゃがいものマキシム風
├ じゃがいも ………………… 1〜2個
│ 澄ましバター ……………… 適量
└ 塩、白こしょう …………… 各適量

ちいたけソテー
├ ちいたけ …………………… 6個
│ にんにくみじん切り ……… 少々
│ エシャロットみじん切り … 少々
│ バター ……………………… 適量
│ ミックスハーブみじん切り … 少々
└ 塩、白こしょう …………… 各適量
ソース
├ 山シギのガラ ……………… 1羽分
│ サラダ油 …………………… 適量
│ 玉ねぎ ……………………… 少々
│ にんじん …………………… 少々
│ セロリ ……………………… 少々
│ 鶏のブイヨン（269ページ） … 170ml
│ 生クリーム ………………… 30ml
│ 山シギの胃袋、腸、肺 …… 1羽分
│ コニャック ………………… 少々
└ 塩、白こしょう …………… 各適量
トリュフ薄切り ……………… 3枚
ハーブのブーケ ……………… 1束

**作り方**

**山シギをローストする**

1　山シギは内臓をすべて取り出し、頭は切り落とす。内臓はクルトンとソースに使うのでとっておく。
2　たこ糸でくくって成形する。全体に塩、こしょうする。
3　鍋にサラダ油を熱し、全体に焼き色がつくまでソテーし、200℃のオーブンで3分ローストする。温かいところで休ませ、まだ生すぎたらもう少し焼く。
4　頭は180℃に熱したサラダ油でカリカリに揚げる。

**クルトンを作る**

1　レバーと心臓をにんにく、タイムと一緒にバターで炒め、コニャックでフランベする。
2　レバーは目の細かい裏漉しにかけ、心臓は細かいみじん切りにする。
3　レバー、心臓、シャンピニオン、パセリ、エシャロット、裏漉したフォアグラのテリーヌを練り合わせ、塩、こしょうで味を調える。
4　三角に切ってトーストした食パンに塗って伸ばす。

### 付け合わせを作る

1 じゃがいものマキシム風を作る。じゃがいもを直径1.5cmくらいの円筒形に抜き、薄切りにして塩、こしょうをふる。
2 直径8cmのセルクルに二重に詰め、澄ましバターをかけて180℃のオーブンでこんがりと焼く。
3 ちいたけ（ミニサイズの椎茸）は、にんにく、エシャロットと一緒にバターで炒め、仕上げにミックスハーブと塩、こしょうをふる。

### ソースを作って仕上げる

1 山シギをおろし、胸肉とももに分ける。肉は温かいところで保温しておく。
2 ガラを軽く叩き、サラダ油で炒める。色づいたら玉ねぎ、にんじん、セロリを加えてさらに炒める。
3 鶏のブイヨンを加えて煮出す。
4 生クリーム、胃袋、腸、肺など残りの内臓全部を加えて煮る。
5 シノワで漉して、コニャックと塩、こしょうで味を調える。
6 皿にじゃがいものマキシム風を敷いて肉を並べ、クルトンとちいたけ、頭を添え、ソースをかける。
7 トリュフとハーブのブーケを飾る。

# ヤマウズラのシャルトルーズ風　1987年仕立て

カラー写真は34ページ

**材料**　1人分

ファルス
- ヤマウズラの端肉 ……………… 1羽分
- 生ベーコン ……………………… 30g
- ちりめんキャベツ ……………… 200g
- ねずの実 ………………………… 10個
- バター …………………………… 適量
- タイム …………………………… 1本
- ローリエ ………………………… 1枚
- 鶏のブイヨン（269ページ）…… 少々
- 塩、白こしょう ………………… 各適量

にんじん …………………………… 100g
かぶ ………………………………… 100g
さやいんげん ……………………… 100g

ムース
- 鶏肉 ……………………………… 100g
- 卵白 ……………………………… 1個分
- 生クリーム ……………………… 200mℓ
- 塩、白こしょう ………………… 各適量

ヤマウズラ ………………………… 1羽
塩、白こしょう …………………… 各適量
サラダ油 …………………………… 適量

ソース
- ヤマウズラのガラ ……………… 5羽分
- サラダ油 ………………………… 適量
- 玉ねぎ、にんじん、セロリ
  　　　　　　　　合わせて100g
- 鶏のブイヨン（269ページ）…… 2ℓ
- ポルト酒 ………………………… 100mℓ
- マデラ酒 ………………………… 100mℓ
- 生クリーム ……………………… 100mℓ
- フォアグラのテリーヌ ………… 30g
- 塩、白こしょう ………………… 各適量

**作り方**

**ファルスを型に入れて蒸す**

1　ファルスを作る。ヤマウズラの端肉（掃除したとき出た肉や皮など）は細かく刻む。生ベーコンはみじん切りにする。キャベツは塩ゆでして1cmの角切りにし、ねずの実は細かく刻む。

2　ヤマウズラの端肉、生ベーコンとねずの実をバターで炒め、キャベツを加えて軽く炒める。

3　タイムとローリエ、鶏のブイヨンを加え、蓋をして柔らかくなるまで蒸し煮し、塩、こしょうで味を調えて冷ます。

4　にんじん、かぶは、さやいんげんの細さに揃えて切り、それぞれ塩ゆでする。水気を切って、セルクルの高さの半分に切り揃える。

5　ムースを作る。材料を全部一緒にフードプロセッサーでまわしてピューレ状にし、裏漉しする。

6　直径6cmのセルクルの内側に **4** を交互にぴったり並べて張りつける。内側に接着用に **5** のムースを塗って、ファルスを詰める。

7　ラップで蓋をして蒸し器で5分蒸す。

**ヤマウズラをローストし、ソースを作る**

1　ヤマウズラは内臓をすべて取り出し、頭は切り落とす。たこ糸でくくって成形して、全体に塩、こしょうする。
2　鍋にサラダ油を熱し、全体に焼き色がつくまでソテーし、200℃のオーブンで5分ローストする。温かいところで休ませ、ロゼに仕上げる。
3　ガラを小さく叩き、サラダ油で炒める。
4　きつね色になったら薄切りにした玉ねぎ、にんじん、セロリを加え、しんなりするまで炒める。
5　鶏のブイヨンを加え、アクを取り、風味が十分に出るまで煮込む。シノワで漉す。
6　別の鍋でポルト酒とマデラ酒を5分の1量になるまで煮詰める。
7　5を500㎖加え、さらに3分の1量になるまで煮詰める。
8　生クリームを加え、裏漉したフォアグラのテリーヌを溶かし込み、塩、こしょうで味を調える。
9　ヤマウズラを胸肉ともも肉に分ける。
10　蒸したシャルトルーズを型から抜き、皿に盛る。上にもも肉を、手前に胸肉をのせ、ソースをかける。

# ヤマウズラのヴェッシー包み　1987年仕立て

カラー写真は36ページ

**材料　2人分**

ヴェッシー …………………………… 1枚
ヤマウズラ …………………………… 1羽
塩、白こしょう ……………………… 各適量
下ゆで用
┌ 鶏のブイヨン（269ページ）…… 2ℓ
│ タイム ……………………………… 1本
│ ローリエ …………………………… 1枚
└ 八角 ………………………………… 1個
鶏のブイヨン ………………… 70㎖＋適量
コニャック …………………………… 10㎖
ポルト酒 ……………………………… 10㎖
トリュフジュース …………………… 10㎖
タイム ………………………………… 1本
ローリエ ……………………………… 1枚
八角 …………………………………… 1/5個

ソース
┌ 鶏のブイヨン（269ページ）… 500㎖
│ 白ポルト酒 ……………………… 100㎖
│ 生クリーム ……………………… 50㎖
│ フォアグラのテリーヌ ………… 20g
│ トリュフジュース ……………… 20㎖
│ バター …………………………… 適量
└ 塩、白こしょう ………………… 各適量
プルロット茸のソテー
┌ プルロット茸 …………………… 適量
│ にんにくみじん切り …………… 少々
│ エシャロットみじん切り ……… 少々
│ バター …………………………… 適量
│ ミックスハーブみじん切り …… 少々
└ 塩、白こしょう ………………… 各適量
姫大根 ………………………………… 1本
姫にんじん …………………………… 1本
さやいんげん ………………………… 5本
バター ………………………………… 適量
トリュフ薄切り ……………………… 3枚

**作り方**

**ヤマウズラをヴェッシーに入れてゆでる**

**1**　ヴェッシーは水で戻しておく。
**2**　ヤマウズラは内臓をすべて取り出し、頭は切り落とす。たこ糸でくくって成形して、全体に塩、こしょうする。
**3**　下ゆで用の鶏のブイヨンにタイム、ローリエ、八角を加えて80℃に温め、その温度を保った状態でヤマウズラを10分間ゆでる。
**4**　ヴェッシーのなかに鶏のブイヨン70㎖、コニャック、ポルト酒、トリュフジュース、タイム、ローリエ、八角を入れる。ヤマウズラのたこ糸をはずして詰める。少し空気を入れてふくらませ、たこ糸でしっかり縛る。
**5**　大きな平鍋にたっぷり鶏のブイヨンを入れて、**4**を浮かべて火にかける。
**6**　沸騰したら、ブイヨンを上からかけながら5分加熱する。

**ソースと付け合わせを作って仕上げる**

1　鶏のブイヨンを5分の1量に煮詰めておく。
2　白ポルト酒をぎりぎりまで煮詰め、**1**と生クリーム、フォアグラのテリーヌを加えて軽く煮る。
3　シノワで漉し、トリュフジュースを加え、バターを溶かし込んで塩、こしょうで味を調える。
4　プルロット茸は、にんにく、エシャロットと一緒にバターで炒め、仕上げにミックスハーブと塩、こしょうをふる。姫大根、姫にんじん、さやいんげんは塩ゆでし、バターをからめて塩、こしょうする。
5　提供するときはもう一度温め、ヴェッシーからヤマウズラを出して胸とももに分けて皿に盛り、**4**を添えてトリュフを飾り、ソースをかける。

# 真鴨のロースト
## パイナップルソース　1987年仕立て

カラー写真は 38 ページ

**材料　2人分**

真鴨 …………………………… 1羽
塩、白こしょう ……………… 各適量
サラダ油 ……………………… 適量
ソース
　水 …………………………… 5mℓ
　砂糖 ………………………… 30g
　赤ワインヴィネガー ……… 20mℓ
　パイナップル ……………… 100g
　オレンジ汁 ………………… 20mℓ
　レモン汁 …………………… 少々
　バター ……………………… 適量
　塩、白こしょう …………… 各適量

生姜せん切り ………………… 少々
ベーコンせん切り …………… 少々
レモンの皮せん切り ………… 少々
シブレット …………………… 少々
ピンクペッパー ……………… 30個
黒粒こしょう ………………… 少々

**作り方**

**真鴨をローストする**

**1**　真鴨は内臓をすべて取り出し、頭は切り落とす。たこ糸でくくって成形して、全体に塩、こしょうする。
**2**　フライパンにサラダ油を熱し、表面をソテーして焼き色をつける。
**3**　200℃のオーブンで7分ローストし、温かいところで休ませておく。

**ソースを作って仕上げる**

**1**　ガストリックを作る。鍋に水と砂糖を入れて火にかける。濃いめにキャラメリゼしたら赤ワインヴィネガーを加えて溶き伸ばし、冷ます。
**2**　缶詰のパイナップルを使う。ミキサーにかけてピューレにし、鍋に入れて温める。
**3**　ガストリック10g、オレンジ汁、レモン汁を加えて軽く煮て、甘味と酸味をちょうどよく調整する。
**4**　冷たいバターを溶かし込んで塩、こしょうで味を調える。
**5**　生姜はゆで、ベーコンはさっと炒め、レモンの皮は3回ゆでこぼす。
**6**　真鴨の胸肉を切り取り、皮をはがす。皮は細く切ってカリカリになる手前に炒める。
**7**　ソースを皿に敷き、厚めにスライスした胸肉を並べ、皮を散らす。
**8**　上に**5**とシブレットを飾り、ピンクペッパーと砕いた黒粒こしょうをふる。

# 野鴨の血のソース

カラー写真は 40 ページ

**材料** 2人分
血のソース（10人分）
- 黒粒こしょう ……………………… 10個
- ねずの実 …………………………… 5個
- 赤ワインヴィネガー ……………… 40 ml
- 真鴨のフォン（270ページ）… 400 ml
- あれば真鴨の内臓 ………………… 適量
- フォアグラのテリーヌ …………… 30 g
- 真鴨の血または豚血 ……………… 適量
- 塩、黒こしょう …………………… 各適量

真鴨 ……………………………………… 1羽
塩、黒こしょう ………………………… 各適量
サラダ油 ………………………………… 適量

## 作り方

### ソースを作る

1. 鍋で小さく砕いた黒粒こしょう、ねずの実をから煎りして香りを立たせる。
2. 赤ワインヴィネガーを加え、酸味を飛ばして煮詰める。
3. あれば真鴨のレバーや心臓など、内臓類、フォン、フォアグラのテリーヌを加えて半量になるまで煮詰める。
4. コクと厚みが出るまで鴨の血、なければ豚血を加え、塩、こしょう、必要なら赤ワインヴィネガーで味を調える。

### 真鴨をローストする

1. 真鴨は内臓をすべて取り出し、頭は切り落とす。たこ糸でくくって成形して、全体に塩、こしょうする。
2. フライパンにサラダ油を熱し、表面をソテーして焼き色をつける。
3. 200℃のオーブンで7分ローストし、温かいところで休ませておく。

### 盛りつけ

1. 真鴨の胸肉を切り取り、皮をはがす。皮は細く切ってカリカリの手前に炒める。
2. ソースを皿に敷き、厚めにスライスした胸肉を並べ、皮を散らす。

# ジビエのトゥールト

カラー写真は 42 ページ

**材料** 6人分

A（30個分）
- ジビエの肉 ……………………… 300g
- 豚の背脂 ………………………… 500g
- 豚肩ロース肉 …………………… 300g
- 仔牛ヒレ肉 ……………………… 300g
- 鶏レバー ………………………… 200g

B（30個分）
- 鹿もも肉 ………………………… 400g
- キジもも肉 ……………………… 500g
- 真鴨もも肉 ……………………… 500g

C（30個分）
- コニャック ……………………… 適量
- ポルト酒 ………………………… 適量
- 赤ワイン ………………………… 適量
- タイム …………………………… 1パック
- ローリエ ………………………… 10枚
- にんにく薄切り ………………… 50g

D（6個分）
- ピスターシュみじん切り ……… 10g
- クルミみじん切り ……………… 10g
- トリュフみじん切り …………… 10g
- フォアグラのテリーヌ ………… 30g
- キャトルエピス ………………… 少々
- 豚血 ……………………………… 少々
- 塩、黒こしょう ………………… 各適量

サラダ油 …………………………… 適量

センター
- 真鴨の胸肉 ……………………… 1羽分
- フォアグラソテー …… 15g×6枚
- トリュフ薄切り ………………… 12枚
- 塩、黒こしょう ………………… 各適量

パート・ブリゼ（271ページ）…… 適量
フィユタージュ（271ページ）…… 適量
卵黄 ………………………………… 適量
澄ましバター ……………………… 適量

サツマイモのピューレ
- サツマイモ ……………………… 適量
- 水 ………………………………… 大さじ1
- 砂糖 ……………………………… 100g
- 赤ワインヴィネガー …………… 70ml
- 牛乳 ……………………………… 適量

ソース
- 黒粒こしょう …………………… 15個
- 赤ワインヴィネガー …………… 50ml
- 鹿のフォン（269ページ）……… 400ml
- 真鴨のフォン（270ページ）…… 400ml
- ジビエの内臓 …………………… 適量
- フォアグラのテリーヌ ………… 50g
- 豚血 ……………………………… 適量
- 塩、黒こしょう ………………… 各適量

**作り方**

**ファルスを作り、パイで包んで焼く**

1　AとBの材料は3cm角に切り、それぞれCの材料で一晩マリネする。コニャック、ポルト酒、赤ワインは2対1対1の割合で使い、たっぷりの液体に浸すこと。ジビエは、鹿、キジ、真鴨などを混合して使う。

2　Aの材料の水気を切り、サラダ油でソテーする。表面だけを色づけて、中には火を入れないように。

3　AとBをミンチ機にかけて中挽きにする。

4　3を500gにDの材料を加え、よく練り合わせる。ピスターシュとクルミは大きめのみじん切りにし、フォアグラのテリーヌは小さな角切りにして混ぜる。

5 センターを作る。真鴨の胸肉の皮を取って、全体が平均した厚さになるように切り開き、6等分して塩、こしょうをふる。
6 フォアグラソテーをトリュフの薄切りでサンドしたものが中心になるよう挟み、ラップで包んで四角く成形する。
7 2mm厚さに伸ばしたパート・ブリゼをセンターよりひとまわり大きな丸に抜き、中心に4のファルスを少し広げ、その上にセンターをのせて、残りのファルスで全体を覆う。パート・ブリゼを上に折る。
8 2mm厚さに伸ばしたフィユタージュをふたまわり大きな丸に抜き、ぴたりと包む。
9 卵黄を塗って乾かし、もう一度塗って、乾いたらナイフで模様を入れる。
10 230℃のコンベクションオーブンで6分焼き、5分温かい場所で休ませる。
11 同じ温度で今度は3分焼き、同様に5分休ませる。
12 澄ましバターを表面に塗り、230℃で5分焼き、完成。

### サツマイモのピューレを作る
1 サツマイモは皮つきのままホクホクにローストする。
2 ガストリックを作る。鍋に水と砂糖を入れて火にかける。濃いめにキャラメリゼしたら赤ワインヴィネガーを加えて溶き伸ばし、冷ます。
3 サツマイモの皮をむき、裏漉して牛乳で伸ばし、ガストリックで味を調える。

### ソースを作って仕上げる
1 砕いた黒粒こしょうをから煎りして、香りを立てる。
2 赤ワインヴィネガーを加え、酸味を飛ばす。2種のフォンとジビエの内臓、フォアグラのテリーヌを加えて煮込む。
3 シノワで漉し、豚血を加えてコクを出し、塩、こしょう、必要なら赤ワインヴィネガーで味を調える。
4 皿にソースを敷き、パイ包みを盛り、サツマイモのピューレを添える。

# 海ガメのコンソメ
# ラヴィオリ・フォアグラを添えて

カラー写真は44ページ

**材料**　仕上がり1ℓ

A
- 海ガメのミンチ肉 …………… 1kg
- 牛コンソメ（270ページ）…… 1200g
- 鶏のブイヨン（269ページ）… 800g
- 玉ねぎ ……………………… 100g
- にんじん …………………… 50g
- セロリ ……………………… 50g
- 黒粒こしょう ……………… 10個
- クローブ …………………… 2個
- ねずの実 …………………… 2個
- タイム ……………………… 2本

生姜スライス ………………… 適量
シェリー酒 …………………… 適量
塩 ……………………………… 適量

ラヴィオリ生地
- 薄力粉 ……………………… 200g
- 強力粉 ……………………… 400g
- ラード ……………………… 50g
- 水 …………………………… 220g
- 塩 …………………………… 適量

フォアグラ …………………… 適量
白こしょう …………………… 適量
タピオカ ……………………… 適量

**memo**
海ガメは、骨を取り除いて正肉になったものを利用。ミンチ機にかけて挽肉にする。

## 作り方

### 海ガメのミンチ肉でコンソメを引く

1　Aの材料を鍋に入れてよく練り合わせる。
2　火にかける。最初は強火で、60℃くらいに温まったら弱火にして、1時間ゆっくりと煮出す。
3　静かに布濾しをする。このまま冷まし、冷蔵庫で保存する。
4　使うとき、人数分に生姜スライスを入れて温め、香りが移ったら取り出す。
5　シェリー酒を数滴落とし、塩のみで味を調える。

### ラヴィオリを作って仕上げる

1　ラヴィオリ生地を作る。全部の材料を混ぜ合わせる。
2　生地がひとつにまとまったら、パスタマシンに何度も通して伸ばしていく。
3　最薄まで伸ばしたら、5mm程度の厚さで1cm角に切り、塩、こしょうをしたフォアグラの小片を挟み、1個ずつ型で抜いてゆでる。生地に火が入ったらゆで上げる。
4　タピオカは15分ゆでる。
5　器にラヴィオリとタピオカを入れ、コンソメを注ぐ。

# アペリティフ盛り合わせ

カラー写真は 48 ページ

## グージェール

**材料** 約200個分

| | |
|---|---|
| 水 | 200g |
| 牛乳 | 200g |
| バター | 200g |
| 塩 | 8.5g |
| 薄力粉 | 240g |
| グリュイエールチーズ | 180g |
| 全卵 | 7個 |
| カイエンヌペッパー | 適量 |
| グリュイエールチーズ薄切り | 適量 |

**作り方**

1. 水、牛乳、バター、塩を鍋に入れて火にかける。
2. 沸騰してバターが完全に溶けたら火を止め、すぐにふるった薄力粉を入れて混ぜ合わせる。
3. すりおろしたグリュイエールチーズを加え、再び火にかけて混ぜながら加熱し、火を止める。
4. ミキサーに移し、まわしながら溶いた全卵を数回に分けて加え、混ぜ合わせる。
5. 丸口金をつけた絞り袋に詰め、天板に敷いたオーブンシートに直径2.5cm、高さ1cmに絞り出す。
6. カイエンヌペッパーをふりかけ、薄切りを2cm×2cmにカットしたグリュイエールチーズをのせる。
7. 霧吹きを吹きかけて、180℃のコンベクションオーブン（風3）で10分、天板の向きを変えて2〜3分焼く。

## ブーダン・ノワールのタルトレット

**材料**

| | |
|---|---|
| パート・ブリゼ（271ページ） | 適量 |
| ブーダン・ノワール | 適量 |
| りんごピューレ | 適量 |
| イタリアンパセリ | 適量 |

**作り方**

1. パート・ブリゼをごく薄く伸ばし、タルトレット型に敷き込んで、重しをのせてから焼きする。
2. スライスし、オーブンで温めたブーダン・ノワールをのせてりんごピューレをかけ、イタリアンパセリを飾る。

# アペリティフ盛り合わせ

カラー写真は48ページ

## 黒マカロン

**材料** 約75個分

| | |
|---|---|
| 卵白 | 80g |
| グラニュー糖 | 26g |
| 乾燥卵白 | 2g |
| アーモンドパウダー | 110g |
| 粉糖 | 175g |
| 竹炭パウダー | 12g |
| シェーヴルクリーム | |
| ┌ サントモール | 1本 |
| └ 生クリーム | 150mℓ |

### 作り方

1 卵白にグラニュー糖と乾燥卵白を加え、モコモコと盛り上がってくるまで十分に泡立て、しっかりツノが立ち、ねっちりとしたメレンゲを作る
2 アーモンドパウダー、粉糖、竹炭パウダーを一緒にふるい入れる。
3 ゴムべらで混ぜ合わせる。
4 メレンゲがところどころ残る程度まで混ざったら、生地をボウルの底にすりつけるようにして泡をつぶしていく。
5 生地をすくって落とすとタラリと流れ落ちる状態になったら混ぜるのを止め、丸口金をつけた絞り袋に詰める。
6 オーブンシートの上に直径2.5cmに絞り出す。
7 そのまま室温に置いて、表面を乾かす。
8 指でさわってみて、表面に膜ができて生地が指につかなければ乾かし完了。オーブンシートごと天板にのせ、180℃のコンベクションオーブンに入れる。
9 ピエ（足という意味で、下に出る部分）が出たら天板の向きを素早く変え、温度を140℃に下げてさらに7〜8分焼く。
10 さわってみてしっかり中心まで火が入っていたらオーブンから出す。
11 完全に冷めたらオーブンシートからはがす。
12 シェーヴルクリームを作る。サントモールをミキサーでクリーム状に練り、8分立てにした生クリームと混ぜ合わせる。
13 絞り袋に詰め、1枚の上に絞り出し、もう1枚でサンドする。

# ちりめんキャベツとフォアグラとトリュフのテリーヌ

カラー写真は 52 ページ

**材料** 1本分

アパレイユ
- フォアグラ ……………………… 400g
- 牛乳 …………………………… 240g
- 生クリーム ………………………… 80g
- 全卵 ……………………………… 3.2個
- 卵黄 ……………………………… 1.6個
- 塩 ………………………………… 9.6g
- 白こしょう ……………………… 2.5g

ちりめんキャベツ ……………… 4〜5個
トリュフ薄切り …………………… 適量

ソース・アルブフェラ
- 鶏のブイヨン(269ページ) …… 500mℓ
- 牛乳 …………………………… 150mℓ
- 生クリーム ………………………… 30mℓ
- フォアグラのテリーヌ …………… 30g
- エスペレット ……………………… 適量
- タイム …………………………… 1本
- セロリの葉 ……………………… 適量
- 塩、白こしょう ………………… 各適量

トリュフオイル …………………… 適量
鶏のジュ(269ページ) …………… 適量

## 作り方

### アパレイユを作る

1 アパレイユの材料をミキサーにかけてなめらかなピューレにする。
2 目の細かいシノワで漉す。

### 型に詰めて加熱する

1 ちりめんキャベツは外側と中心部分を除き、いい葉だけを選んでたっぷりの湯で塩ゆでする。
2 氷水で冷やし、水気をよく拭き取る
3 長さ29.5cm、幅8cm、高さ6cmのテリーヌ型を使う。キャベツは芯を切り、型に詰めやすい形に成形する。
4 テリーヌ型の側面全体にキャベツを張り付ける。蓋ができるよう、上に余裕を持たせておく。
5 内側にキャベツ、トリュフ薄切り、アパレイユの順で、ごく薄く、20層くらいになるよう重ねる。
6 キャベツで蓋をしてアルミフォイルで密閉し、テリーヌ型の蓋をする。
7 湯煎にかけ、140℃のコンベクションオーブンで50〜60分加熱する。
8 軽く重しをのせ、型を氷水で冷やす。
9 粗熱が取れたら冷蔵庫で冷やしておく。

### ソースを作って仕上げる

1 鶏のブイヨンを3分の1量になるまで煮詰める。
2 牛乳、生クリーム、フォアグラのテリーヌを加えてよく混ぜ合わせ、エスペレットとタイムの葉、セロリの葉を加え、軽く煮て香りづける。
3 シノワで漉し、塩、こしょうで味を調え、バーミックスで泡にする。
4 切り分けたテリーヌをラップで包んで電子レンジで軽く温め、表面にトリュフオイルを塗る。
5 皿に盛って丸く抜いたトリュフを飾り、鶏のジュとソースをかける。

# 黒トリュフのプディング

カラー写真は54ページ

**材料** 1人分

プディング生地（基本配合）
- ケンネ脂 ………………………… 300g
- 薄力粉 …………………………… 300g
- 塩 ………………………………… 10g
- 全卵 ……………………………… 3個

トリュフ3mmスライス ……………… 5枚
根セロリ3mmスライス ……………… 4枚

ソース（基本配合）
- 玉ねぎ …………………………… 40g
- セロリ …………………………… 20g
- にんじん ………………………… 20g
- マデラ酒 ………………………… 500ml
- ポルト酒 ………………………… 500ml
- コニャック ……………………… 500ml
- フォン・ド・ヴォー（269ページ）… 300ml
- トリュフみじん切り …………… 30g
- トリュフジュース ……………… 30ml
- バター …………………………… 20g
- 塩、黒こしょう ………………… 各適量

トリュフ薄切り ……………………… 1枚

**作り方**

### プディング生地を練る

1　ケンネ脂はかたまりをフードプロセッサーにかけてペースト状にし、目の細かい漉し器で裏漉す。
2　1とふるった薄力粉、塩をミキサーにかける。
3　ポロポロになったら卵を加えて練る。
4　まとまりのある生地になったらクッキングシート2枚で挟んで2mm厚さに伸ばす。
5　冷蔵庫で冷やして休ませる。

### プリン型に詰めて蒸す

1　ここでは口の直径が57mm、高さ50mmのプリン型を使用。プリン型の内側に生地を張りつけて、冷蔵庫で冷やす。
2　トリュフは丸ごとポルト酒で、根セロリは鶏のブイヨンであらかじめ煮て、それぞれ型と同じサイズのセルクルで抜き、3mm厚さにスライスする。
3　トリュフから交互に型に詰め、生地で蓋をする。
4　鍋に型を入れて湯を張り、蓋をして、沸騰してから5分蒸す。

### ソースを作って仕上げる

1　玉ねぎ、セロリ、にんじんはみじん切りにして、バターでしんなり炒めたものを使う。マデラ酒とポルト酒、コニャックを合わせて、5分の1量になるまで煮詰める。
2　野菜類とフォン・ド・ヴォーを加え、さらに煮詰める。
3　シノワで漉し、トリュフとトリュフジュースを加え、バターを溶かし込んで、塩、こしょうで味を調える。
4　皿にトリュフのプディングをのせてトリュフを飾り、ソースをたっぷりかける。

# トリュフのショーソン　1987年仕立て

<small>カラー写真は 56 ページ</small>

**材料**　1人分

ムース
- 鶏肉 ………………………… 50g
- 卵白 ………………………… ½個分
- 生クリーム ………………… 100㎖
- 塩、白こしょう …………… 各適量
- ゆでたオマール …………… 少々

フィユタージュ（271ページ）…… 1枚
トリュフ ……………………… 1個
塩、白こしょう ……………… 各適量
卵黄 …………………………… 適量
澄ましバター ………………… 適量

ソース
- 鶏のブイヨン（269ページ）…… 450㎖
- ポルト酒 …………………… 90㎖
- マデラ酒 …………………… 90㎖
- 赤ワイン …………………… 60㎖
- トリュフみじん切り ……… 少々
- トリュフジュース ………… 10㎖
- バター ……………………… 10g
- 塩、白こしょう …………… 各適量

**作り方**

**トリュフをフィユタージュで包んで焼く**

1　鶏肉、卵白、生クリーム、塩、こしょうを一緒にフードプロセッサーでまわしてピューレ状にし、裏漉しする。
2　小さく刻んだオマールの身を混ぜ合わせる。
3　フィユタージュを2㎜厚さに伸ばし、長径が20㎝の楕円形に切り抜く。
4　手前に**2**の20gを3㎜厚さに伸ばし、その上に塩、こしょうしたトリュフをのせる。
5　ショーソン形に折り畳んで、溶いた卵黄で接着する。
6　表面に卵黄を塗っておく。
7　230℃のコンベクションオーブンで9分焼き、出して温かいところで休ませる。
8　澄ましバターを塗り、5分焼いたら完成。

**ソースを作って仕上げる**

1　鶏のブイヨンを5分の1量に煮詰める。
2　ポルト酒、マデラ酒、赤ワインをぎりぎりまで煮詰め、**1**を加えて軽く煮る。
3　トリュフとトリュフジュースを混ぜ合わせ、冷たいバターを溶かし込み、塩、こしょうで味を調える。
4　皿にソースを敷き、ショーソンを盛る。

# ボルシチの冷製

カラー写真は 58 ページ

## 材料

ビーツのエスプーマ
- ビーツ ……………………… 5 kg
- 塩 …………………………… 適量
- 赤ワインヴィネガー ………… 適量
- フランボワーズ ……………… 50 g
- ヨーグルト …………………… 160 g
- 生クリーム ………………… 200 mℓ
- 砂糖 ………………………… 適量

リエット
- 牛肩ロース肉 ………………… 3 kg
- 塩、白こしょう …………… 各適量
- ラード ……………………… 2 kg
- 玉ねぎ、にんじん、セロリ … 各少々
- にんにく …………………… 2個

オニオンピューレ
- 玉ねぎ ……………………… 10個
- サラダ油 …………………… 適量
- 生クリーム ………………… 適量
- 塩、白こしょう …………… 各適量

牛コンソメ（270ページ）……… 適量
洋ねぎ ………………………… 適量
菊花 …………………………… 適量

## 作り方

### ビーツのエスプーマを作る

1 ビーツは皮つきのまま塩と赤ワインヴィネガーを 100 mℓ 加えた湯で、竹串がすっと通るようになるまでゆでる。
2 皮をむき、適当な大きさにカットする。
3 フランボワーズと一緒にミキサーにかけてピューレにし、シノワで漉す。
4 ビーツのピューレ 1200 g にヨーグルト、8分立てに泡立てた生クリームを混ぜ合わせ、砂糖で甘味、赤ワインヴィネガーで酸味を調節する。
5 エスプーマのサイフォンに入れて亜酸化窒素ガスを充填し、冷蔵庫で冷やしておく。

### リエットを作る

1 牛肩ロース肉は 3 cm 角に切り分け、多めに塩、こしょうをまぶしておく。
2 鍋にラード、1、小さな角切りにした玉ねぎ、にんじん、セロリ、半割にしたにんにくを入れ、火にかける。
3 90℃で約2時間、手でほぐれるくらい柔らかくなるまで加熱する。
4 肉を取り出してボウルに移し、手でぼろぼろにほぐす。
5 ボウルの底を氷水に当て、ラードを少しずつ加えながら木べらで練る。冷えても流動性があるくらい柔らかくなるまでラードを加える。塩、こしょうで味を調え、さましておく。
6 容器に流して冷蔵庫で冷やし固める。

**オニオンピューレを作る**

1　玉ねぎは薄切りにする。
2　サラダ油で炒める。色づけないように、甘味と香りを十分に引き出す。
3　ミキサーにかけてピューレにして、シノワで漉す。
4　さめたら生クリームと塩、こしょうで味を調える。

**盛りつけ**

1　コンソメは冷やしてジュレにしておく。洋ねぎはせん切りにして塩ゆでしておく。
2　1人分につき、20gのコンソメジュレをグラスの底に敷き、少量の洋ねぎをのせる。
3　5gのリエットと10gのオニオンピューレをのせ、ビーツのエスプーマ20gをこんもりと絞り出す。菊花を飾る。

# グリーンピースのポタージュ　エストラゴンの香り

カラー写真は 60 ページ

**材料　20人分**

イタリア産グリーンピース ……… 5kg
エストラゴン ……………………… 20g
塩 …………………………………… 適量
ジュ・ド・オマール
├ オマールの頭 ………………… 10尾分
│ ピュア・オリーブオイル ……… 適量
│ 玉ねぎ ………………………… 2個
│ にんじん ……………………… 1本
│ セロリ ………………………… 3本
│ にんにく ……………………… 2個
│ トマトペースト ……………… 60g
│ コニャック …………………… 50ml
│ ペルノー酒 …………………… 60ml

白ワイン ……………………………… 1本
鶏のブイヨン（269ページ）…… 4ℓ
水 …………………………………… 1ℓ
ブーケ・ガルニ ……………………… 1束
└ 塩 ………………………………… 適量
ビスクの泡
├ ジュ・ド・オマール …………… 400ml
│ 生クリーム …………………… 100ml
│ 牛乳 …………………………… 100ml
│ バター ………………………… 40g
│ コニャック …………………… 少々
└ 塩、白こしょう ……………… 各適量
エストラゴン ……………………… 適量

**作り方**

### シンプルなポタージュを作る

1　グリーンピースはさやつきで5kg用意し、さやから出す。
2　豆を柔らかくなるまで塩ゆでする。
3　ゆで上がる手前でエストラゴンを加え、ゆで汁のなかで冷ます。冷やしておく。
4　ミキサーにゆで汁ごと入れてまわす。水分量は状態を見て調節する。
5　目の細かいシノワで漉し、塩だけで味を調える。

### ジュ・ド・オマールを作る

1　オマールの頭からエラと砂袋を取り除き、小さく切る。
2　天板に広げてオリーブオイルをふりかけ、180℃のオーブンに入れてじっくりとしっかり香ばしく焼く。
3　鍋にオリーブオイルを入れて、薄切りにした玉ねぎ、にんじん、セロリ、半割にしたにんにくを炒める。
4　しんなりしたらトマトペーストを加えて炒め合わせる。
5　焼き上がったオマールの頭を野菜の鍋に加える。天板にコニャックとペルノー酒、白ワインを注ぎ、底についた焦げを煮溶かして加える。
6　鶏のブイヨンと水を加え、沸騰してアクを取ったらブーケ・ガルニを入れて1時間煮込む。
7　味がしっかり出たら、布漉しをし、塩で味を調える。冷蔵庫で保存する。

### 泡のソースを作って仕上げる

1　ジュ・ド・オマールを3分の1量に煮詰める。
2　生クリームを加えて軽く煮詰め、牛乳を加え、冷たいバターを溶かし込んでコニャックで香りづける。
3　塩、こしょうで味を調え、バーミックスで泡立てる。
4　ポタージュを温めてカップに注ぎ、エストラゴンの葉を浮かべ、泡をのせる。

# 白アスパラガス　ソース・ムースリーヌ

カラー写真は62ページ

### 材料　1人分

ソース・ムースリーヌ（20人分）
- 卵黄 ……………………… 5個
- 水 ………………………… 45mℓ
- 白ワイン ………………… 45mℓ
- 澄ましバター …………… 200g
- レモン汁 ………………… 30mℓ
- 塩、白こしょう ………… 各適量
- 生クリーム ……………… 100mℓ

- ホワイトアスパラガス …………… 2本
- ピッキオのピューレ ……………… 5g
- ハーブ類 …………………………… 適量
- オレンジの皮 ……………………… 少々

### 作り方

**ソース・ムースリーヌを作る**

1　ボウルに卵黄、水、白ワインを入れて溶きほぐし、湯煎にかけて泡立てる。
2　火が入ったら澄ましバターを少しずつ加えてさらに泡立てる。
3　レモン汁と塩、こしょうで味を調える。盛りつけ前に8分立てにした生クリームを混ぜ合わせる。

**ホワイトアスパラガスをゆでて仕上げる**

1　ホワイトアスパラガスは薄皮をむいて塩ゆでし、皿に盛る。
2　ピッキオ（バスク産赤ピーマンの缶詰）をミキサーにかけてピューレにしたものを横に添え、ムースリーヌをたっぷりかける。
3　アスパラガスの上にハーブ類を飾る。ここでは、タンポポ、赤からし菜、セルフィユ、ナデシコの花とワサビ菜を使っている。
4　ソース・ムースリーヌにすりおろしたオレンジの皮をかける。

# モリーユ茸と春キャベツのブレゼ　クレーム・ド・モリーユ

カラー写真は64ページ

**材料　2〜3人分**

クレーム・ド・モリーユ
- 乾燥モリーユ茸 …………………… 100g
- 鶏のブイヨン（269ページ）…… 適量
- バター ……………………………… 70g
- にんにくみじん切り ……………… 20g
- エシャロットみじん切り ………… 20g
- 白ポルト酒 ………………………… 10㎖
- 白ワイン …………………………… 30㎖
- タイム ……………………………… 1本
- ローリエ …………………………… 1枚
- 生クリーム ………………………… 80㎖
- 牛乳 ………………………………… 120㎖
- 塩、白こしょう …………………… 各適量

- 生のモリーユ茸 …………………… 200g
- 鶏のブイヨン（269ページ）…… 540㎖
- バター ……………………………… 適量
- にんにくみじん切り ……………… 20g
- エシャロットみじん切り ………… 20g
- 白ポルト酒 ………………………… 10㎖
- 白ワイン …………………………… 30㎖
- タイム ……………………………… 1本
- ローリエ …………………………… 1枚
- 塩、白こしょう …………………… 各適量
- シブレットみじん切り …………… 少々
- エストラゴンみじん切り ………… 少々
- 春キャベツ ………………………… 3〜4枚
- セルフィユ、エストラゴン、シブレット、ナデシコ …………………… 各1本

**作り方**

**クレーム・ド・モリーユを作る**

1　乾燥モリーユ茸をわかしたたっぷりの鶏のブイヨンに浸し、30分くらいおいて柔らかく戻す。

2　モリーユ茸を引き上げて、よく水洗いして砂を取る。戻した鶏のブイヨンはシノワで漉し、180㎖になるまで煮詰める。

3　洗ったモリーユ茸をよく絞り、バターで炒めて水分を飛ばす。

4　にんにくとエシャロットを加え、香りが出たら白ポルト酒と白ワインを加え、アルコール分を飛ばす。

5　鶏のブイヨン、タイム、ローリエを加え、蓋をして10分煮含める。

6　塩、こしょうで味を調え、ミキサーでまわしてピューレにし、目の細かいシノワで漉す。

7　生クリームと牛乳を加えて塩、こしょうで味を調える。盛りつける寸前にバーミックスで泡立ててムース状にし、1人分につき大さじ2〜3杯使う。

**生のモリーユ茸を煮る**
1 モリーユ茸は水をかけて砂などの汚れを落とす。これを10回くらい繰り返す。
2 厚手のキッチンペーパーの上に広げ、風に当たるところに置いて乾かす。
3 鶏のブイヨンを3分の1量になるまで煮詰めておく。
4 バター70gを鍋に溶かし、モリーユ茸を水分を飛ばすように炒める。
5 にんにくとエシャロットを加え、香りが出たら白ポルト酒と白ワインを加え、アルコール分を飛ばす。
6 煮詰めた鶏のブイヨン、タイム、ローリエを加え、蓋をして10分煮含める。
7 塩、こしょうで味を調え、仕上げにシブレットとエストラゴンのみじん切りをふり入れる。

**キャベツをゆで、仕上げる**
1 キャベツは大きめのざく切りにして、柔らかく塩ゆでする。
2 水気を切って鍋に入れ、バターと鶏のブイヨンをからめる。
3 スープ皿にこんもりと盛り、上にモリーユ茸を1人分につき8個のせる。
4 まわりにクレーム・ド・モリーユの泡を流し、セルフィユ、エストラゴン、シブレット、ナデシコを飾る。

# ニース風サラダ　コンテンポラリー見立て

カラー写真は 66 ページ

**材料**　1人分

テリーヌ（1本分）
- 春キャベツ ……………………… 適量
- 赤パプリカ ……………………… 3個
- 鶏のブイヨン（269ページ）…… 適量
- 塩、白こしょう ………………… 各適量
- 極細さやいんげん ……………… 200g
- インカのめざめ ………………… 1kg
- 鴨の脂 …………………………… 適量

ウズラ卵 …………………………… 1個
酢 …………………………………… 少々
玄米、水 …………………………… 各適量
サラダ油 …………………………… 適量
メバチマグロ中トロスライス …… 1枚
塩、白こしょう …………………… 各適量

エスペレット ……………………… 少々
エクストラ・バージン・オリーブオイル
　……………………………………… 適量
エストラゴン ……………………… 少々
粗挽きの塩 ………………………… 少々
タプナード（271ページ）………… 5g
アンチョビ ………………………… 2枚
プチトマト ………………………… ½個
ミックスサラダ …………………… 30g
ヴィネグレット・トリュフ（271ページ）
　……………………………………… 適量
ラディッシュ薄切り ……………… 2枚

> **memo**
> テリーヌには6cm×6cm×8cmの三角形で長さ36cmの型を使う。

## 作り方

### テリーヌを作る

1　キャベツを塩ゆでし、よく水気を切る。柔らかい緑色の葉の部分だけを使って、アルミフォイルの上に20cm×36cmの長方形に敷き詰める。

2　型の内側に1のキャベツシートをぴったりと貼る。上のたるみはあとで蓋にする。

3　赤パプリカは180℃のオーブンで丸ごと50分ローストし、皮をむく。

4　種を除き、8mm幅の棒状に切り分ける。

5　3分の1量に煮詰めた鶏のブイヨンで軽く煮て、塩、こしょうで味を調える。

6　粗熱が取れたら、水気を切って型の底に2cm高さに詰める。

7　極細さやいんげんの筋を取り、塩ゆでして氷水で色止めする。両端を切って長さを揃える。

8　3分の1量に煮詰めた鶏のブイヨンでさっとからめる程度に煮て、赤パプリカの上に1.5cm高さになるよう並べ、冷蔵庫で冷やし固める。

9　インカのめざめの皮をむき、大きなざく切りにする。

10　中心まで火が通り、塩味がしっかり入るまで塩ゆでする。水気を切る。

11　90℃に温めたひたひたの鴨の脂で15分コンフィにする。

12　ボウルに移して軽くつぶし、塩と鴨の脂を混ぜ込んで味を調える。

13　粗熱が取れたら型の上いっぱいに詰め、キャベツで蓋をして、冷蔵庫で冷やし固める。

**仕上げをする**
1 ウズラ卵は酢を入れた湯で3～4分ゆでる。
2 玄米チップスを作る。柔らかめに炊いた玄米をフードプロセッサーでペースト状にする。
3 シルパットに薄く広げて90℃のコンベクションオーブンで1時間、乾燥焼きする。
4 200℃のサラダ油でカリッと揚げ、塩をふる。
5 マグロはさくで調理する。表面をグリル板で焼き、塩、こしょう、エスペレット、エクストラ・バージン・オリーブオイル、エストラゴンをまぶして、冷蔵庫でマリネする。
6 テリーヌを5mm厚さにスライスして皿にのせ、表面にエクストラ・バージン・オリーブオイルを塗り、粗挽きの塩をふる。
7 タプナードを敷いた上にスライスしたマグロをのせ、ウズラ卵とアンチョビ、プチトマトを飾る。
8 ミックスサラダ（好みのサラダ野菜とハーブに、必ず玉ねぎのスライスを入れる）をヴィネグレット・トリュフであえて添える。
9 玄米チップスとラディッシュを散らす。

# 季節の野菜　モネの庭園をイメージして

カラー写真は 68 ページ

**材料**

プレッセ・レギューム
- にんじん …………………… 3～4本
- 塩、白こしょう …………… 各適量
- 砂糖 ………………………… 適量
- バター ……………………… 適量
- ほうれん草 ………………… 1把
- シャンピニオン …………… 150g
- にんにく …………………… 少々
- 玉ねぎ ……………………… 100g
- サラダ油 …………………… 適量
- じゃがいも ………………… 5個
- かぼちゃ …………………… 2/5個

バチュール
- 鶏のブイヨン（269ページ）…… 1ℓ
- にんにく薄切り …………… 2片
- エシャロット薄切り ……… 1個
- タイム ……………………… 3本
- ローリエ …………………… 1枚
- バター ……………………… 80g
- エクストラ・バージン・オリーブ
  オイル …………………… 80mℓ
- 塩、白こしょう …………… 各適量

泡にんじん
- にんじんジュース ………… 2本分
- レシチン …………………… 小さじ1

季節の野菜 …………………… 約40種
ヴィネグレット・トリュフ（271ページ）
　　　　　　　　　　　　　…… 適量
塩、白こしょう ……………… 各適量
サラダ油 ……………………… 適量

**作り方**

**プレッセ・レギュームの野菜を準備する**

1　にんじんは、1mm厚さのスライス80枚に切る。
2　塩と砂糖をふって、バターで柔らかくなるまで炒め煮する。
3　バットにあげ、まな板の上に薄く並べる。
4　横8cm、縦16cmの長方形2枚に切り、冷蔵庫で冷やしておく。
5　ほうれん草の葉はにんにくで香りづけながらバターで炒め、塩、こしょうして冷ます。
6　シャンピニオンは薄切りにし、にんにくで香りづけながらバターで炒め、塩、こしょうしてフードプロセッサーでまわして細かく刻む。
7　100gの**6**を16cm×16cmのシート状に薄く伸ばし、冷やす。
8　玉ねぎは薄切りにし、あめ色になるまでバターとサラダ油で炒める。
9　じゃがいもは7mm厚さにスライスし、サラダ油できつね色に揚げる。
10　かぼちゃも7mm厚さにスライスし、軽く塩をふって蒸し器で蒸す。

### 野菜を順に型に詰める

1  16cm×16cmの底が取れる金属製の正方形型を使う。底にじゃがいもを敷き詰める。
2  玉ねぎのソテーを敷き詰める。
3  かぼちゃを敷き詰める。
4  シャンピニオンのシートをはめる。
5  ほうれん草を敷き詰める。
6  にんじんシート2枚をいちばん上にはめ、上からぎゅっと押してプレスして、冷蔵庫で冷やす。
7  盛りつけるときに2.5cm×4cmの長方形に切り、電子レンジで温める。

### バチュールとにんじんの泡を作る

1  鶏のブイヨン、にんにく、エシャロット、タイム、ローリエを3分の1量になるまで煮詰める。
2  ジューサーで搾ったにんじんジュースを温め、レシチンを混ぜ合わせ、盛りつける寸前にバーミックスで泡立てる。

### 仕上げをする

1  野菜は旬のものを、サラダ用の葉野菜、青菜、ハーブ類、根菜、実野菜、豆、エディブルフラワーなどを取り混ぜて40種類くらい用意する。
2  サラダ用の葉野菜は、ヴィネグレット・トリュフであえる。
3  青菜、根菜などはバチュールで軽く温め、よく水気を切って塩、こしょうする。
4  ししとう、銀杏などはサラダ油で揚げて塩をふる。
5  れんこん、かぼちゃなどは薄切りにしてサラダ油でカラッと揚げ、チップにする。
6  野菜をあえたバチュールを濃度が出るまで煮詰め、冷たいバターを溶かし混ぜ、エクストラ・バージン・オリーブオイルを加えて塩、こしょうで味を調える。これがソースになる。
7  皿の中心にプレッセ・レギュームを置き、まわりに野菜やハーブをちりばめて、ソースとにんじんの泡を流す。

# 夏野菜のガスパチョ　アジのマリネと共に

カラー写真は70ページ

**材料　6人分**

ガスパチョ
- トマト ……………………… 190g
- フルーツトマト …………… 180g
- 玉ねぎ ……………………… 40g
- 赤パプリカ ………………… 100g
- にんにく …………………… 6g
- きゅうり …………………… 100g
- エシャロット ……………… 20g
- セロリ ……………………… 50g
- エクストラ・バージン・オリーブオイル …………………… 25g
- 塩 …………………………… 4g
- 水 …………………………… 適量
- タバスコ …………………… 適量
- リーペリンソース ………… 適量
- シェリーヴィネガー ……… 適量

きゅうりのジュレ
- きゅうり …………………… 5本
- にんにく薄切り …………… 3枚
- 板ゼラチン ………………… 適量
- アジ ………………………… 1～2尾
- 塩 …………………………… 適量
- エスペレット ……………… 適量
- エクストラ・バージン・オリーブオイル …………………… 適量
- きゅうり …………………… 適量
- 赤パプリカ ………………… 適量
- 黄パプリカ ………………… 適量
- 生クリーム ………………… 100ml
- 粒マスタード ……………… 10g
- シブレット ………………… 少々
- 白こしょう ………………… 少々
- 食用花 ……………………… 適量

**作り方**

**ガスパチョを作る**

1. トマト2種はざく切り、残りの野菜は薄切りにする。
2. 1とオリーブオイル、塩をビニール袋に入れて密封し、冷蔵庫で一晩マリネする。
3. ミキサーでまわしてピューレにし、目の細かいシノワで漉す。
4. 水で濃度を、タバスコで辛味を、リーペリンソースで味を、シェリーヴィネガーで酸味を調節し、冷蔵庫で冷やしておく。

**きゅうりのジュレを固める**

1. きゅうりを縦切って種を取り、にんにくと一緒にジューサーで搾ってジュースにする。
2. 液体に対して3％量の板ゼラチンを水で戻して加える。
3. 一度火にかけてわかし、氷水で急冷する。
4. スープ皿に薄く流し、冷蔵庫で冷やし固める。

**アジをマリネして仕上げる**

1 アジは三枚におろし、塩をしてからエスペレット、オリーブオイルをふりかけ、冷蔵庫で1時間マリネする。
2 皮をバーナーであぶって焦げ目をつける。
3 1人分につき7～8mmのスライス3枚に切り分ける。
4 きゅうりと2色のパプリカを5mm角に刻み、塩とオリーブオイルであえる。
5 生クリームを8分立てにし、粒マスタードと小口切りのシブレットを混ぜ合わせ、塩、こしょうで味を調える。
6 きゅうりのジュレの上にアジを並べ、**4**をのせて食用花を飾る。
7 **5**を添え、ガスパチョを流す。

# じゃがいものスフレとカワハギのマリネ

カラー写真は72ページ

**材料　4人分**
メークイン ……………………………… 1個
サラダ油 ………………………………… 適量
塩 ………………………………………… 適量
カワハギ ………………………………… ½尾
ヴィネグレット・トリュフ（271ページ）
　　………………………………………… 適量
エスペレット …………………………… 少々
ライムの皮 ……………………………… 少々
花穂紫蘇、芽ねぎ、菊花 …… 各少々

**作り方**

**メークインを揚げる**

1　メークインは皮をむき、長径6cmの楕円の抜き型で抜いてから3mm厚さにスライスする。
2　軽く水にさらしてでんぷんを落とし、水気をよく切る。
3　110℃のサラダ油で、つねに鍋を揺らしながら、ゆっくりと、4、5分揚げる。別の鍋でサラダ油を170℃に温めておく。
4　少しふくらんできたら、170℃の油に移す。ぷくっとふくれたら成功。バットに上げて、油を切っておく。

**カワハギを塩とヴィネグレットで味つけ、仕上げる**

1　盛りつける前に、メークインを170℃の油で再度揚げて、カリッと表面を固め、油を切って塩をふる。
2　カワハギを薄く切り、塩をふってからヴィネグレット・トリュフであえる。
3　メークインを皿に盛ってカワハギをのせ、エスペレットをふり、ライムの皮をおろしかける。
4　花穂紫蘇、芽ねぎ、菊花を飾る。

# フランス産セップ茸のフリカッセ

カラー写真は 74 ページ

**材料　1人分**

| | | | |
|---|---:|---|---:|
| セップ茸 | 100g | ナス | 1本 |
| 鴨の脂 | 15g | サラダ油 | 適量 |
| バター | 15g | 栗 | 2個 |
| にんにく | 3g | クルミ | ½個 |
| エシャロット | 3g | 栗の葉 | 3枚 |
| イタリアンパセリ | 少々 | タイム | 1本 |
| 塩、白こしょう | 各適量 | ピンクペッパー | 少々 |
| | | 鶏のジュ（269ページ） | 大さじ1 |

**作り方**

**セップ茸を炒める**

1　セップ茸を掃除する。固く絞った布巾で泥や砂をていねいに拭き取り、刷毛で傘についた細かい汚れを払う。
2　1.5cm厚さに切る。
3　フライパンに鴨の脂を溶かし、セップ茸を炒める。
4　きつね色になったらバターを加える。
5　バターが溶けてノワゼット色に泡立ったらにんにくのみじん切りを加え、香りを出す。
6　仕上げにみじん切りのエシャロットとイタリアンパセリをあえ、塩、こしょうで味を調える。

**ナスを炒めて仕上げる**

1　ナスは皮をむいて1cm角に切り、サラダ油でソテーして塩、こしょうする。
2　栗は渋皮までむき、薄く切ってサラダ油でからりと揚げ、チップスを作る。
3　クルミはオーブンでロースト後、粗く刻む。
4　栗の葉をプラックにのせ、直火で下から炙って香りを立てる。
5　皿にセップ茸、ナスを盛って栗のチップとクルミを上にふる。
6　タイムを飾り、ピンクペッパーをふり、栗の葉をのせる。
7　温めた鶏のジュをかける。

# 真鯛のパピヨット　1991年仕立て

カラー写真は80ページ

**材料　1人分**

| | |
|---|---|
| 真鯛 | 60g |
| トリュフ薄切り | 3枚 |
| ゆでたじゃがいもスライス | 1枚 |
| 洋ねぎ | 少々 |
| フュメ・ド・ポワソン（270ページ） | 20mℓ |
| トリュフジュース | 5mℓ |
| ソース | |
| 　白ワイン | 300mℓ |
| 　エシャロットみじん切り | 20g |
| 　砂糖 | ひとつまみ |
| 　バター | 120g |
| 　塩、白こしょう | 各適量 |
| 菜の花のクーリー | 少々 |
| トマト角切り | 少々 |
| 百合根 | 3片 |
| トリュフみじん切り | 少々 |
| トリュフオイル | 少々 |
| 塩、白こしょう | 各適量 |
| セルフィユ | 少々 |

**作り方**

**真鯛をラップで包んで加熱する**

1　真鯛に塩をふり、切れ目を3か所入れてトリュフを挟む。
2　カルタ・ファタ（耐熱の透明クッキングラップ）にじゃがいも（ここではインカのめざめをを使用。塩ゆでし、5mm厚さにスライスする）を敷いて洋ねぎ（1cm角に切ってバターで炒める）をのせ、その上に真鯛を置く。フュメ・ド・ポワソンとトリュフジュースをかけて包み、しっかりと縛る。
3　170℃のコンベクションオーブンで4分加熱する。

**ソースと付け合わせを作って仕上げる**

1　白ワインにエシャロットと砂糖を加え、水分がなくなる直前まで煮詰める。
2　冷たいバターを少しずつ加えて溶かし込む。塩、こしょうで味を調え、シノワで漉す。
3　菜の花は塩ゆでして裏漉し、クーリーにする。
4　トマトは皮をむいて種を取り、5mmくらいの角切りする。
5　百合根は塩ゆでし、トリュフのみじん切りとトリュフオイル、塩、こしょうであえる。
6　真鯛はフライパンにのせて下から加熱し、ふくらんだ状態を一度見せてから提供する。
7　皿に菜の花のクーリーを伸ばし、ソースを敷いて、真鯛を野菜ごと盛る。
8　トマトと百合根を添え、セルフィユを飾る。

# 三重県桑名産ハマグリのポシェ　アオサ海苔添え

カラー写真は86ページ

**材料　1人分**

| | |
|---|---|
| ハマグリ | 1個 |
| 水 | 適量 |
| アオサ海苔 | 小さじ1 |
| コーンスターチ | 少々 |
| 生クリーム | 100mℓ |
| 塩、レモン汁 | 各適量 |
| トマト角切り | 3個 |
| 鶏のジュ（269ページ） | 数滴 |
| エクストラ・バージン・オリーブオイル | 少々 |
| ディル | 少々 |

**作り方**

**ハマグリを加熱してソースを作る**

1　ハマグリを少量の水と一緒に鍋に入れて強火にかけ、貝が開いたら身を取り出す。鍋のなかの液体に身をもう一度戻して、ちょうどよく火を通す。余熱で火を入れる感じで。

2　ハマグリは取り出して、出た汁の味を見て、濃かったら水で伸ばし、薄かったら煮詰め、刻んだアオサ海苔を加えて水で溶いたコーンスターチでとろみをつけ、ソースに仕上げる。

**仕上げをする**

1　生クリームを8分立てにして塩とレモン汁で調味する。

2　ハマグリを殻に戻してアオサ海苔のソースをかけ、1をのせる。

3　トマトを散らし、鶏のジュとオリーブオイルをたらし、ディルを飾る。

# オシェトラキャビアのゼリー寄せ

カラー写真は 82 ページ

**材料**

甲殻類のコンソメ
- オマールの頭 …………… 10尾分
- ピュア・オリーブオイル ……… 適量
- 玉ねぎ ……………………… 2個
- にんじん …………………… 2本
- セロリ ……………………… 3本
- フヌイユ …………………… 1本
- にんにく …………………… 2個
- トマトペースト …………… 30g
- コニャック ………………… 50mℓ
- 白ワイン …………………… 1本
- 鶏のブイヨン（269ページ）… 2ℓ
- 水 …………………………… 適量
- ブーケ・ガルニ …………… 1束
- 卵白 ……………………… 10個分
- 塩 …………………………… 適量

クレソン …………………… 10束
塩 …………………………… 適量
アガー（ゲル化剤）………… 適量
キャビア …………………… 適量

パン・ペルデュ（1人分）
- 牛乳 ………………………… 65mℓ
- 砂糖 ………………………… 7g
- 全卵 ………………………… 1個
- ブリオッシュ … 3cm×3cm×6cm 1個
- 澄ましバター ……………… 10g
- ペルノー酒 ………………… 少々
- 泡立てた生クリーム ……… 小さじ1

金箔 ………………………… 少々

**作り方**

**オマールの頭でコンソメを作る**

1　オマールの頭からエラと砂袋を取り除き、小さく切る。

2　天板に広げてオリーブオイルをふりかけ、180℃のオーブンに入れてじっくりとしっかり香ばしく焼く。

3　鍋にオリーブオイルを入れて、薄切りにした玉ねぎ、にんじん、セロリ、フヌイユ、半割にしたにんにくを炒める。

4　しんなりしたらトマトペーストを加えて炒め合わせる。

5　焼き上がったオマールの頭を野菜の鍋に加える。天板にコニャックと白ワインを注ぎ、底についた焦げを煮溶かして加える。

6　鶏のブイヨンとひたひたの水を加え、沸騰してアクを取ったらブーケ・ガルニを入れて1時間煮込む。

7　味がしっかり出たら、布漉しをする。

8　いったん冷まし、溶きほぐした卵白を加え、再び火にかける。

9　ゆっくりと煮て澄ませたら、厚手のクッキングペーパーで漉し、塩で味を調える。

### クレソンのピューレを作る

1　クレソンの葉を摘み、柔らかく塩ゆでする。
2　氷水に落として色止めし、水気を絞る。
3　ミキサーにかける。このとき、生の葉を少し加えて香りを強める。
4　シノワで漉して塩だけで味を調える。

### セルクルで固める

1　オマールのコンソメ100mℓに対して6gのアガーを加え、火にかけて煮溶かす。
2　バットに薄く流し、シート状に冷やし固める。
3　直径4cmのセルクルで抜く。シートをセルクルにはめたまま、上にキャビア5gを敷き詰める。
4　オマールのコンソメをふちまで流し、冷やし固める。コンソメにゼラチンを入れる必要があるかは、そのつど状態を見て判断する。

### パン・ペルデュを作り、仕上げる

1　牛乳、砂糖、卵をよく混ぜ合わせ、ブリオッシュを10分浸けてたっぷり吸わせる。
2　フライパンに澄ましバターを熱し、全面をこんがり焼く。最後にペルノー酒でフランベして香りづける。
3　泡立てたクリームを上にのせ、サラマンドルに入れて軽く溶かす。
4　皿にクレソンのピューレを敷いてゼリー寄せをセルクルから抜いてのせ、上にキャビアと金箔を飾る。横にパン・ペルデュを添える。

# 金目鯛のヴァプール　ソース・ブイヤベース

カラー写真は 84 ページ

## 材料

ブイヤベース・ソース
- 魚のアラ ……………… 5 kg
- ピュア・オリーブオイル ……… 適量
- 玉ねぎ ……………………… 1個
- にんじん …………………… ½本
- セロリ ……………………… 3本
- フヌイユ …………………… 1本
- にんにく …………………… 2個
- トマトペースト …………… 50 g
- ペルノー酒 ……………… 30 mℓ
- 白ワイン …………………… 1本
- 鶏のブイヨン（269ページ）…… 2 ℓ
- 水 …………………………… 適量
- ブーケ・ガルニ …………… 1束
- サフラン …………………… 3 g
- 白粒こしょう、カイエンヌペッパー、塩 ……………………… 各適量

緑のルイユ
- 卵黄 ………………………… 2個
- エキストラ・バージン・オリーブオイル …………………… 300 mℓ
- にんにくすりおろし ……… 1片
- 青よせ ……………………… 20 g
- 裏漉したじゃがいも ……… 30 g
- 塩、白こしょう …………… 各適量

金目鯛 ………………… 1人分60 g
白ワイン ……………………… 少々
付け合わせ（1人分）
- メークイン ………………… 3枚
- アサリ ……………………… 1個
- 車エビ …………………… 小1尾
- ヤリイカ …………………… 5 g

赤パプリカ、緑パプリカ、セロリ … 各5 g
ピュア・オリーブオイル ………… 適量
塩、白こしょう …………… 各適量
ディル、赤からし菜、エストラゴン、セルフィユ ……………… 各少々
タプナード（271ページ）……… 適量

## 作り方

**ブイヤベース・ソースを作る**

1. できるだけ骨が多く、脂がのった魚のアラを使う。包丁で細かく叩く。
2. 天板に広げてオリーブオイルをふりかけ、180℃のオーブンに入れてじっくりしっかり、水分が飛んで香ばしいきつね色になるまで焼く。
3. 鍋にオリーブオイルを入れて、薄切りにした玉ねぎ、にんじん、セロリ、フヌイユ、半割にしたにんにくを炒める。
4. しんなりしたらトマトペーストを加えて炒め合わせる。
5. 焼き上がった魚のアラを野菜の鍋に加える。天板にペルノー酒と白ワインを注ぎ、底についた焦げを煮溶かして加える。

6 鶏のブイヨン、ひたひたより多めに水を加え、沸騰してアクを取ったらブーケ・ガルニとサフラン、白粒こしょうを入れて1時間煮込む。
7 味がしっかり出たら、火を止める。
8 シノワで絞り出すように漉し取り、カイエンヌペッパーと塩で味を調える。

**緑のルイユを作る**
1 前もって青よせを用意する。生のほうれん草をミキサーにかけ、シノワで漉す。漉した液体を鍋に入れて火にかける。
2 浮いてきた青い部分をすくい取って、紙を敷いたザルに上げる。これを真空パックにして冷蔵庫で保存しておく。
3 卵黄を溶きほぐし、オリーブオイルを少しずつ混ぜ合わせて乳化させる。残りの材料を加え、塩、こしょうで味を調える。

**魚を蒸して仕上げる**
1 金目鯛に白ワインをふりかけ、蒸し器でしっとりと蒸し上げる。
2 1cm厚さで直径2.5cmに抜いたメークインは、ブイヤベース・ソースで柔らかく煮ておく。
3 アサリ、車エビ、ヤリイカもブイヤベース・ソースでさっと煮る。
4 赤パプリカ、緑パプリカ、セロリは小さな賽の目に切ってオリーブオイルでしんなり炒め、塩、こしょうする。
5 皿にソースを敷いて魚をのせ、上にディルを飾る。
6 横に緑のルイユを敷いてメークインを並べ、それぞれアサリ、車エビ、ヤリイカをのせ、4と赤からし菜、エストラゴン、セルフィユを飾る。
7 タプナードで模様を描く。

# ブルターニュ産オマールと白アスパラガスのサラダ

カラー写真は 88 ページ

**材料　1人分**

| | |
|---|---|
| ブルターニュ産オマール ……… ¼尾 | トマトバジルのゼリー |
| トリュフみじん切り …………… 少々 | 　完熟トマト ………………… 5個 |
| ヴィネグレット・トリュフ（271ページ） | 　バジルの葉 ………………… 大5枚 |
| …………………………………… 適量 | 　塩 …………………………… 少々 |
| ホワイトアスパラガス ………… 1本 | 　板ゼラチン ………………… 適量 |
| | 菜花のピューレ ……………… 10g |
| | セルフィユ、エストラゴン、ディル、 |
| | 　食用花 ……………………… 各少々 |
| | キャビア …………………… 小さじ1 |

**作り方**

**オマールとアスパラガスをゆでる**

1　オマールの尾に竹串を刺してまっすぐ伸ばし、2分半ゆでる。爪は大きいほうは7分、小さいほうは4分ゆでる。

2　ゆで上がったら殻から身をはずして食べやすくカットする。1人分につき4分の1尾分の身をトリュフとヴィネグレット・トリュフであえる。

3　アマールの頭に入ってるコライユを塩ゆでし、真っ赤になったものを低温のオーブンで乾燥させる。ミルでパウダー状にする。

4　ホワイトアスパラガスは薄皮をむき、塩ゆでする。

5　水気を切り、4等分してトリュフとヴィネグレット・トリュフであえる。

**トマトバジルのゼリーを作る**

1　トマトとバジルの葉、塩をミキサーにかけてピューレにする。

2　火にかける。ふつふつと沸騰したら、厚手のクッキングペーパーで漉す。

3　200mlの液体に対して板ゼラチン1枚を溶かし、冷蔵庫で冷やしてゼリーにする。

**盛りつけ**

1　菜花のピューレ（塩ゆでした菜花をミキサーにかけ、目の細かいシノワで漉したもの）を皿に伸ばし、ホワイトアスパラガスを並べ、オマールをのせる。

2　ハーブ類と食用花を飾り、ゼリーとキャビアを添え、コライユのパウダーをふる。

# 阿寒湖産エクルヴィスのナージュ仕立て

カラー写真は 92 ページ

**材料　1人分**

クール・ブイヨン
- にんじん薄切り ………………… ½本
- 玉ねぎ薄切り …………………… ½個
- セロリ薄切り …………………… 3本
- 白ワイン ………………………… 500mℓ
- 白ワインヴィネガー …………… 50mℓ
- 水 ………………………………… 500mℓ
- エストラゴン …………………… 1本

阿寒湖産エクルヴィス ………… 6尾
セロリ薄切り …………………… 20g
にんじん薄切り ………………… 20g
ペコロス薄切り ………………… 20g
塩 ………………………………… 適量
エストラゴン …………………… 少々
セルフィユ ……………………… 少々

**作り方**

**エクルヴィスをゆでる**

1　クール・ブイヨンの材料を火にかけ、沸騰してから30分煮込み、シノワで漉す。
2　エクルヴィスは背わたを取り、頭つきのまま沸騰させたクール・ブイヨンに入れ、30秒ゆでる。
3　引き上げてそのまま冷まし、殻をむく。

**仕上げをする**

1　クール・ブイヨンでセロリ、にんじん（花型で抜いておく）、ペコロスをゆでておく。
2　エクルヴィスをゆでたクール・ブイヨン180mℓを軽く煮詰め、1とエクルヴィスを加えて温め、塩だけで味を調える。
3　器に盛ってエストラゴン、セルフィユを飾る。

# スズキのポシェ　アーティチョークのバリグール風

カラー写真は 90 ページ

**材料**　1人分

アーティチョークのバリグール風
- アーティチョーク …………… 10個
- レモン汁 ……………… 少々＋½個分
- ピュア・オリーブオイル …… 50ml
- にんにく ……………………… 3片
- 生ベーコン …………………… 20g
- にんじん ……………………… ⅕本
- 玉ねぎ ………………………… ¼個
- セロリ ………………………… ½本
- 白ワイン ……………………… 180ml
- 鶏のブイヨン（269ページ）…… 適量
- タイム ………………………… 1本
- 塩 ……………………………… 適量
- バジル ………………………… 1本

赤ワインソース（30人分）
- にんじん ……………………… ⅕本
- 玉ねぎ ………………………… ¼個
- セロリ ………………………… ½本
- 洋ねぎの葉の部分 …………… ½本
- ピュア・オリーブオイル …… 適量
- 赤ワイン ……………………… 1本
- ヴェルジュ …………………… 250ml
- 赤ブドウジュース …………… 300ml
- フォン・ド・ヴォー（269ページ）
  ………………………………… 200ml
- 塩、白こしょう …………… 各適量
- バター ………………………… 適量

ペコロススライス ……………… 3枚
にんじんスライス ……………… 5枚
牛乳 ……………………………… 適量
エクストラ・バージン・オリーブオイル
………………………………… 適量
塩、白こしょう ……………… 各適量
スズキ …………………………… 80g
粗挽きの塩 …………………… 少々
ドライトマト、生ハム ……… 各少々
バジル …………………………… 少々

**作り方**

**アーティチョークのバリグール風を作る**

1　アーティチョークはガクをはずして茎を少しつけたボトムだけにする。

2　レモン汁を入れた水に浸してアク抜きと色止めをする。

3　鍋にオリーブオイルを入れて押しつぶしたにんにくを炒める。

4　オイルににんにくの香りがよく移ったら1cm角に切った生ベーコンを加えて炒める。

5　1cm角に切ったにんじん、玉ねぎ、セロリを加え、さらに炒め、水気を切ったアーティチョークを加える。

6　アーティチョークが油をよくまとったら、白ワインを加え、アルコール分を飛ばす。

**7** ひたひたの鶏のブイヨン、レモン汁½個分、タイムを加え、強めに塩をふり、落とし蓋をして15～20分煮込む。

**8** 柔らかく煮えたら仕上げにバジルを加え、そのまま冷ます。冷蔵庫で1日くらい味をなじませて、ここでは4等分の櫛切りにしたものを1人分につき5切使う。

## 赤ワインソースを作る

**1** にんじん、玉ねぎ、セロリ、洋ねぎは1cm角に切り、オリーブオイルで炒める。

**2** しんなりしたら赤ワイン、ヴェルジュ、赤ブドウジュース（果汁100％のもの）を加え、強火で3分の1量に煮詰める。

**3** フォン・ド・ヴォーを加えて軽く煮て、シノワで漉す。

**4** 状態を見て、必要なら水で溶いたコーンスターチでつなぎ、濃度が十分ならそのまま、塩、こしょうで味を調える。

**5** 使うとき、1人分につき大さじ1杯に1cm角の冷たいバターを5個くらい溶かし込み、もう一度味を調える。

## 仕上げをする

**1** ペコロス、にんじんは塩ゆでし、アーティチョークのバリグール風の煮汁のなかで温める。アーティチョークも煮汁で温める。

**2** 煮汁150mℓに対し、牛乳50mℓ、エクストラ・バージン・オリーブオイル10mℓの割合で合わせて温め、塩、こしょうで味を調え、バーミックスで泡立てる。

**3** スズキは蒸し器でしっとりと蒸す。

**4** 皿に赤ワインソースを敷いてスズキを盛り、粗挽きの塩をふる。

**5** アーティチョークを並べてペコロス、にんじん、ドライトマト、生ハムをあしらい、バジルを飾る。

**6** 泡のソースをアーティチョークの横に流す。

# 阿寒湖産エクルヴィスのグラタン

カラー写真は 94 ページ

**材料　2人分**

ジュ・ド・エクルヴィス
- エクルヴィスの頭 ……… 100尾分
- ピュア・オリーブオイル …… 適量
- 玉ねぎ ……………………… 2個
- にんじん …………………… 1本
- セロリ ……………………… 3本
- にんにく …………………… 2個
- トマトペースト …………… 30g
- コニャック ……………… 50mℓ
- 白ワイン …………………… 1本
- 鶏のブイヨン（269ページ）…… 2ℓ
- 水 ………………………… 適量
- ブーケ・ガルニ …………… 1束
- 塩 ………………………… 適量

クール・ブイヨン ………… 適量
阿寒湖産エクルヴィス ……… 10尾

ジロール茸のエチュベ
- ジロール茸 ……………… 100g
- バター …………………… 適量
- にんにくみじん切り ……… 小さじ1
- エシャロットみじん切り …… 小さじ1
- 白ワイン ………………… 適量
- 鶏のブイヨン（269ページ）… 大さじ3
- タイム …………………… 1本
- ローリエ ………………… 1枚
- 塩、白こしょう ………… 各適量

サバイヨン
- 卵黄 ……………………… 2個
- 水 ……………………… 18mℓ
- 白ワイン ………………… 18mℓ
- 澄ましバター …………… 10g

サフランパウダー ………… 少々
泡立てた生クリーム ……… 大さじ1
ノイリー酒 ………………… 少々
塩、白こしょう ………… 各適量
ほうれん草のバターソテー …… 40g
白トリュフ薄切り ………… 6枚
白トリュフオイル ………… 少々

**memo**
クール・ブイヨンのルセットは、215ページの「阿寒湖産エクルヴィスのナージュ仕立て」を参照。

**作り方**

**ジュ・ド・エクルヴィスを作る**

1　エクルヴィスの頭からエラと砂袋を取り除き、小さく切る。
2　天板に広げてオリーブオイルをふりかけ、180℃のオーブンに入れてじっくりとしっかり香ばしく焼く。
3　鍋にオリーブオイルを入れて、薄切りにした玉ねぎ、にんじん、セロリ、半割にしたにんにくを炒める。
4　しんなりしたらトマトペーストを加えて炒め合わせる。
5　焼き上がったエクルヴィスの頭を野菜の鍋に加える。天板にコニャックと白ワインを注ぎ、底についた焦げを煮溶かして加える。

6　鶏のブイヨンと水を加え、沸騰してアクを取ったらブーケ・ガルニを入れて1時間煮込む。
7　味がしっかり出たら、布漉しをし、塩で味を調える。冷蔵庫で保存する。

### クール・ブイヨンでエクルヴィスをゆでる
1　エクルヴィスは背わたを取り、頭つきのまま沸騰させたクール・ブイヨンに入れ、30秒ゆでる。
2　引き上げてそのまま冷まし、殻をむく。

### ジロール茸を蒸し煮にする
1　ジロール茸をバターで炒める。
2　にんにく、エシャロットを加え、白ワインをひとまわしかけ、アルコール分を飛ばす。
3　鶏のブイヨンとタイム、ローリエ、塩、こしょうを加え、蓋をして蒸し煮する。

### ソースを作る
1　サバイヨンを作る。卵黄と水、白ワインをボウルに入れて混ぜ合わせ、湯煎にかけてしっかり泡立ててから、澄ましバターを少しずつ加えてさらに泡立てる。
2　ジュ・ド・エクルヴィス100mℓにサフランパウダーを加え、3分の2量まで煮詰める。
3　サバイヨンを大さじ1と泡立てた生クリームを合わせ、ノイリー酒で香りづけて塩、こしょうで味を調える。

### グラタンに仕上げる
1　ほうれん草のバターソテーをグラタン皿に敷き、エクルヴィスとジロール茸を並べる。横にエクルヴィスの頭を飾る。頭のなかにエクルヴィスのムースを詰めると、より豪華になる。
2　ソースをかけ、サラマンドルで焼く。
3　白トリュフを飾り、白トリュフオイルをかける。

# エスカルゴのフリカッセ　赤ワイン風味

カラー写真は 96 ページ

**材料**　16人分

| | |
|---|---|
| エスカルゴ | 500 g |
| 塩 | 適量 |
| にんにく | 1個 |
| 玉ねぎ | 60 g |
| にんじん | 30 g |
| セロリ | 20 g |
| ピュア・オリーブオイル | 適量 |
| 白ワイン | 250 ㎖ |
| 鶏のブイヨン（269ページ） | 400 ㎖ |
| タイム | 2本 |
| ローリエ | 1枚 |
| 塩、白こしょう | 各適量 |
| 赤ワイン | 2本 |
| 砂糖 | 50 g |
| 食パン | 適量 |
| セロリの葉 | 適量 |
| サラダ油 | 適量 |
| ちいたけ | 24個 |
| バター | 適量 |
| アーモンドパウダー | 適量 |

エスカルゴバター
- バター　100 g
- にんにくみじん切り　25 g
- バジルオイル　適量

マール酒　少々

### memo

仏ポワトー・シャンラント地方産のフレッシュ・エスカルゴを使用。500gで約100個、1人分に6個使う。バジルオイルは、バジルの葉200gを塩ゆでして水気をしっかり絞り、エクストラ・バージン・オリーブオイル100㎖と一緒にパコジェットで攪拌したもの。

**作り方**

**エスカルゴを柔らかく煮る**

1　エスカルゴは塩でよく揉み洗いしてぬめりを取り、水で洗い流す。ザルに上げて水気を切る。
2　にんにくは半割、玉ねぎはくし切り、にんじんは5㎜厚さの半月切り、セロリは薄切りにする。
3　鍋にオリーブオイルとにんにくを入れて火にかけ、炒める。
4　香りが出てきたら玉ねぎ、にんじん、セロリを加えて炒める。
5　しんなりしたら、エスカルゴと白ワインを加える。
6　沸騰してアルコール分を飛ばしたら鶏のブイヨンを加える。
7　アクを取ってタイム、ローリエ、塩、こしょうを加え、蓋をして弱火でコトコト30分煮込む。
8　煮汁のなかで冷ます。

**ソースと付け合わせを用意して仕上げる**

1 　赤ワインに砂糖を加え、200mlくらいまで煮詰める。
2 　クルトンを作る。ごく薄く切った食パンをリング形に抜き、きつね色にトーストしておく。
3 　セロリの葉はサラダ油で素揚げし、塩をふる。
4 　ちいたけは半分に切り、バターで炒めて塩、こしょうで調味する。
5 　アーモンドパウダーは170℃のオーブンで茶色くなるまでから煎りする。
6 　エスカルゴバターを作る。バターでにんにくをきつね色に炒め、別の容器に移してバジルオイルを混ぜ合わせる。
7 　煮汁でエスカルゴを温め直す。
8 　エスカルゴを**1**の赤ワインソースにからめ、塩、こしょうで味を調え、仕上げにマール酒で香り付けする。
9 　にんじんを皿に並べてその上にエスカルゴを盛り、ソースをかけ、セロリの葉を飾る。
10　エスカルゴバターとアーモンドパウダーを散らし、ちいたけとクルトンを添える。

# ブルターニュ産平目のパン粉焼き バリグール風

カラー写真は98ページ

**材料** 1人分
ブルターニュ産平目 ……………… 80g
塩、白こしょう ………………… 各適量
薄力粉、全卵、パン粉 ……… 各適量
澄ましバター …………………… 適量
バジル ……………………………… 1枚
サラダ油 …………………………… 適量
アーティチョークのバリグール風 … ¼個
ムール貝 …………………………… 3個
アーティチョークのバリグール風の煮汁
 ……………………………… 550㎖
バター ……………………………… 少々
牛乳 ………………………………… 適量
ドライトマト …………………… 少々
マイクロレッドアマランサス ……… 少々

**memo**
アーティチョークのバリグール風のルセットは、216ページの「スズキのポシェ アーティチョークのバリグール風」を参照。1個を4分の1にカットした1切れが1人分。煮汁はソースに、煮込み用の玉ねぎとにんじんも使用する。

**作り方**
**平目をパン粉焼きにする**
1 平目は黒い側の皮は引き、白いほうは残す。縦真っ二つに切り分け、背骨つきの切り身にする。
2 塩、こしょうをして、片面だけに薄く粉をまぶし、溶き卵をつけ、細かいパン粉をまぶす。
3 パン粉をつけた側から澄ましバターで焼く。きつね色になったらひっくり返し、ちょうどよく火を入れる。

**付け合わせとソースを作って仕上げる**
1 バジルの葉はサラダ油で素揚げにする。
2 アーティチョークのバルグール風と、一緒に煮込んだ玉ねぎとにんじんを煮汁と一緒に小鍋で温め、ムール貝のむき身を入れて軽く煮る。塩、こしょうで味を調える。
3 ソースを作る。アーティチョークのバリグール風の煮汁50㎖を軽く煮詰め、冷たいバターを溶かし込んで塩、こしょうで味を調える。
4 泡のソースを作る。少量だと泡立たないため、アーティチョークのバリグール風の煮汁は500㎖を使い、牛乳を加えて温め、バーミックスで泡にする。
5 皿に平目を盛ってソースと泡のソースを流す。
6 アーティチョークのバリグール風、玉ねぎ、にんじん、ムール貝を添えてバジルとドライトマト、マイクロレッドアマランサスを飾る。

# フォアグラのフォンダン　よもぎのジュレ

カラー写真は104ページ

## 材料

幅8cm×長さ37cmのトヨ型1本分

トーション・フォアグラ
- フォアグラ……1kg
- 塩……12g
- 砂糖……4g
- 白こしょう……2g
- 白ポルト酒……60g
- コニャック……30g
- 鶏のブイヨン（269ページ）……適量

ムース・フォアグラ
- トーション・フォアグラ……300g
- 生クリーム……67g
- 板ゼラチン……10g
- トリュフみじん切り……5g
- 塩、白こしょう……各適量

にんじんの甘煮
- にんじん……400g
- 水……1ℓ
- 砂糖……130g
- タイム……3本
- ねずの実……3個
- アニスシード……3個
- クローブ……3個

板ゼラチン……適量
トリュフ薄切り……20g
ピスターシュみじん切り……40g

イチジクのコンフィ
- ドライイチジク……1kg
- ポルト酒……1本
- 赤ワイン……1本
- 砂糖……200g
- ローズマリー……3本
- タイム……5本
- ねずの実……7個
- クローブ……3個

よもぎシート
- よもぎ……5束
- 水……1ℓ
- 塩、砂糖……各適量
- パールアガー……適量

白ポルト酒……750mℓ
生クリーム……500mℓ
トリュフオイル、黒粒こしょう、
　粗挽きの塩……各適量
グリーンレーズン、ドライクランベリー、
　ピスタチオオイル、ピンクペッパー、
　パンデピス・パウダー、マーシュ、
　いちご、食用花、ブリオッシュ
　……各適量

## 作り方

### トーション・フォアグラを作る

1　フォアグラを常温に戻し、筋と血管を取り除く。
2　鶏のブイヨン以外の材料をまぶし、冷蔵庫で一晩マリネする。
3　しっかりとした布で筒状に丸めて包む。たこ糸で両端をしっかりと縛る。
4　58℃に温めた鶏のブイヨンで40～50分加熱する。
5　網バットに上げ、水気と脂を切る。
6　粗熱が取れたら冷蔵庫に入れてある程度冷やし固める。
7　ラップで直径5cmの筒状に成形する。

### ムース・フォアグラを作る
1　トーション・フォアグラを目の細かい漉し器で裏漉しする。
2　生クリームをわかし、水で戻した板ゼラチンを溶かす。
3　フォアグラに生クリームを少しずつ加え、トリュフを混ぜ合わせ、味を見て塩、こしょうで調える。

### にんじんの甘煮を作って型に貼りつける
1　にんじんは長さ10cmくらいで、直径12mmの丸い形に抜く。
2　残りの材料で柔らかくなるまで煮て、煮汁のなかで1日味をなじませる。
3　水気を切って、縦半分に切って半月形にする。
4　煮汁100mlに対して板ゼラチン4枚を煮溶かし、さましておく。
5　ラップを敷いた型に、にんじんを煮汁のゼリーを接着剤にしてぎっしり隙間なく貼りつける。
6　蓋になる部分はクッキングシートに敷き詰めて、冷やし固めておく。

### フォアグラを型に詰める
1　トーション・フォアグラを横3cm、高さ2.5cm、長さ12cmの角形3本に切り揃える。
2　高さを半分に切り、間にトリュフを挟む。
3　上下にムース・フォアグラを薄く塗り、ピスターシュを並べる。
4　にんじんを貼った型にムース・フォアグラを敷き詰め、**3**を真ん中にのせる。
5　上と隙間に残りのムースを詰め、表面をならし、にんじんの蓋をする。
6　ラップをして冷蔵庫で冷やし固める。

### イチジクのコンフィとソースを作る
1　ドライイチジクは小粒でよく乾いたタイプを使用。残りの材料で柔らかくなるまで煮る。
2　煮汁をシノワで漉し、5分の1量になるまで煮詰める。

### よもぎシートを作る
1　よもぎは葉を摘み、柔らかく塩ゆでする。
2　冷水に落として色止めし、水気を切る。
3　ミキサーにかけてピューレにし、それをゆっくり紙漉しする。
4　漉し取った液体を温めて塩と砂糖で味をつけ、パールアガーを煮溶かす。
5　バットに薄く流して冷やし固める。

### 白ポルトのクリームを作る

1　白ポルト酒を50mlになるまで煮詰める。
2　泡立てたクリームに1を加えて香りづける。

### 盛りつけ

1　皿にソースを散らし、直径9cmのセルクルで抜いたよもぎシートを敷き、その上に1.5cmにスライスしたフォアグラのフォンダンをのせる。
2　フォンダンにトリュフオイルをたらし、砕いた黒粒こしょうと粗挽きの塩をのせる。
3　白ポルトのクリームを絞ってイチジクのコンフィをのせる。
4　まわりにグリーンレーズン、ドライクランベリー、ピスタチオオイル、ピンクペッパー、パンデピス・パウダー、マーシュ、角切りにしたいちご、食用花を散らし、こんがりとトーストしたブリオッシュを添える。

# 山羊のカルパッチョ

カラー写真は106ページ

**材料　1人分**

| | |
|---|---|
| 山羊肉スライス | 5枚 |
| にんにくオイル | |
| 　にんにく | 1片 |
| 　エクストラ・バージン・オリーブオイル | 50mℓ |
| よもぎ | 適量 |
| コーンスターチ | 適量 |
| 塩、白こしょう | 各適量 |
| 黒ごま | 10粒 |
| にんにくチップ | 5枚 |
| アーティチョークフライ | 3枚 |
| ルッコラ | 4枚 |
| パルメザンチーズスライス | 3枚 |
| ラディッシュスライス | 3枚 |
| エクストラ・バージン・オリーブオイル | 少々 |

**作り方**

**材料を準備する**

1　山羊の肉はもも、ロース、前足など各部位をミックスして丸く成形し、冷凍しておく。
2　にんにくをすりおろし、オリーブオイルに混ぜ合わせておく。
3　よもぎは葉を摘み、柔らかく塩ゆでする。
4　冷水に落として色止めし、水気を切る。
5　ミキサーにかけてピューレにし、それをゆっくり紙漉しする。
6　漉し取った液体を温め、塩で味を調え、コーンスターチでとろみをつける。

**盛りつけ**

1　山羊肉を凍ったまま2mm厚さにスライスし、塩、こしょうをふってにんにくオイルを塗る。
2　皿によもぎのピューレを敷き、肉を丸く並べ、黒ごまをふる。
3　上に残りの材料を立体的に盛りつける。にんにくチップとアーティチョークのフライは、それぞれ薄く切って揚げたもの。エクストラ・バージン・オリーブオイルをたらして仕上げる。

# 牛モアールのポシェ　野菜のクロッカン

カラー写真は 111 ページ

**材料　1 人分**

牛骨 ……………………………… 9 cm
泡のソース
　鶏のブイヨン（269 ページ）… 150 mℓ
　タイム ………………………… ½本
　にんにくみじん切り …………… 1 g
　牛乳 …………………………… 75 mℓ
　塩、白こしょう ……………… 各適量
菜花 ……………………………… 1 本
極細グリーンアスパラガス ……… 1 本
極細さやいんげん ………………… 3 本
しいたけ ………………………… 1.5 個

イベリコ豚生ハムせん切り ……… 3 g
トマト賽の目切り ………………… 5 g
タイム …………………………… ⅓本
塩、白こしょう ……………… 各適量
ほうれん草のソテー …………… 10 g
鶏のジュ（269 ページ）……… 小さじ 1
ドライトマト …………………… 1 本

**memo**
牛骨は、前足の太ももの一番よい部分を使う。

## 作り方

**骨から骨髄を出してゆでる**

1　牛骨は、最初に常温の水に浸しておく。脂肪が緩んで骨髄が出しやすくなる。
2　骨髄を取り出したら、水をかえながら冷蔵庫で 3 日かけて血抜きをする。骨は器にするので、きれいに洗って乾かしておく。
3　骨髄を 1.5 cm 厚さ 3 枚に切り、さっとゆでる。残った端やくずは野菜を炒めるのに使う。

**泡のソースを作る**

1　鶏のブイヨン、タイム、にんにく、牛乳を合わせて一度わかし、シノワで漉して塩、こしょうで味を調える。
2　盛りつけの直前にバーミックスで泡立てる。

**仕上げをする**

1　菜花はさっと塩ゆでし、花の部分は飾りに、下は刻む。アスパラガスも同様に塩ゆでし、穂先は飾りに、下は刻む。さやいんげんも塩ゆでして刻む。
2　骨髄の残りを鍋で温めて溶かし、刻んだ野菜と半分に切ったしいたけをさっとソテーする。
3　生ハム、トマト、タイムの葉を加えてあえ、スライスした骨髄を入れて塩、こしょうで味を調える。
4　皿に骨をのせて、ほうれん草のソテー（にんにくと一緒にバターで炒めたもの）を底に敷き、**3** を詰める。
5　上から鶏のジュをかけて、ドライトマト、菜花、アスパラガスの穂先を飾る。この状態で客席に持っていき、泡のソースを大さじ 2〜3 杯かける。

# 仔鳩のロースト　菩提樹の香り

カラー写真は 108 ページ

**材料**　1人分

鳩のジュ
- 鳩のガラ …………………… 10羽分
- サラダ油 …………………… 適量
- にんにく …………………… 2個
- 白ワイン …………………… 80 mℓ
- 白ポルト酒 ………………… 50 mℓ
- 玉ねぎ ……………………… 1個
- にんじん …………………… ½本
- セロリ ……………………… 1本
- トマトペースト …………… 20 g
- 鶏のブイヨン（269ページ）… 3 ℓ
- タイム ……………………… 5本
- ローリエ …………………… 1枚
- 白粒こしょう ……………… 10個
- ねずの実 …………………… 3個
- クローブ …………………… 3個
- 塩、白こしょう …………… 各適量

- ブレス産鳩 ………………… 1羽
- 塩、白こしょう …………… 各適量
- サラダ油 …………………… 適量
- にんにく …………………… 1片
- タイム ……………………… 1本
- ローリエ …………………… 1枚
- 乾燥の菩提樹 ……………… 適量
- アンディーヴ ……………… ½個
- 水、砂糖、レモン汁 ……… 各少々
- バター ……………………… 少々
- 赤ワインヴィネガー ……… 少々
- かぶ ………………………… ½個
- フォン・ド・ヴォー（269ページ）… 適量
- タイムの葉 ………………… 少々
- ごぼうチップ ……………… 5本
- ビーツのピューレ ………… 20 g
- ハーブのブーケ …………… 1束

**memo**
ビーツのピューレのルセットは、162ページの「野ウサギの宮廷風　2000年パリ」を参照。

**作り方**

**鳩のジュを作る**

1　ガラを小さく叩き、サラダ油で炒める。
2　きつね色になったら半割りにしたにんにくを加え、さらに炒める。
3　香りが出たら、白ワインと白ポルト酒でデグラッセする。
4　1cmの角切りにした玉ねぎ、にんじん、セロリは別の鍋でしんなりするまで炒め、トマトペーストをからめてさらに炒める。
5　野菜の鍋にガラを加え、鶏のブイヨンとタイム、ローリエ、白粒こしょう、ねずの実、クローブを加え、アクを取り、1時間煮込む。
6　目の細かいシノワで漉して味が出るまで煮詰め、塩、こしょうで味を調える。

### 鳩をローストする

1 鳩は内臓をすべて取り出し、頭は切り落とす。たこ糸でくくって成形して、全体に塩、こしょうする。
2 フライパンにサラダ油を熱し、胸、ももの順に表面をソテーして焼き色をつける。
3 つぶしたにんにく、タイム、ローリエと一緒に200℃のオーブンでロゼの状態にローストし、温かいところで休ませておく。
4 たこ糸を取って鍋にのせ、乾燥の菩提樹をたっぷりかけ、オーブンに軽く入れて香りを出す。この状態で客席に持っていってお見せする。

### 付け合わせを作って仕上げる

1 アンディーヴは半分に切り、水、砂糖、レモン汁と一緒に真空パックにして90℃のスチームコンベクションオーブンで20分加熱する。
2 袋から出して断面に砂糖をふり、熱々のフライパンでキャラメリゼして、仕上げにバターをたらし、赤ワインヴィネガーでデグラッセをする。
3 かぶ（ここでは山形県産のアヤメ雪かぶを使用）は櫛形に切ってサラダ油で炒める。
4 フォン・ド・ヴォーとタイムの葉を加えてさっと煮込み、塩、こしょうする。
5 ごぼうのチップは薄く切ってカリッと素揚げし、塩をふる。
6 鳩をさばいて皿に盛り、ジュをかけ、2、4、5とビーツのピューレ、ハーブのブーケを添える。

# テット・ド・コション　ソース・トルチュ

カラー写真は114ページ

**材料**　15人分

豚の頭 ………………………… 2頭分
ゆで汁
┌ 水 ……………………………… 適量
│ 白ワイン ………………………… 100㎖
│ 白ワインヴィネガー ………… 80㎖
│ 粗塩 ……………………………… 80g
│ 玉ねぎ …………………………… 3個
│ にんじん ………………………… 2本
│ セロリ …………………………… 2本
│ にんにく ………………………… 2個
│ ねずの実 ………………………… 5個
│ クローブ ………………………… 3個
│ タイム …………………………… 3本
└ ローリエ ………………………… 3枚
豚の脳みそ ………………… 1人分½個
白ワイン、タイム、ローリエ … 各少々
鶏のトサカ ………………… 1人分1個
薄力粉、レモン汁 ……………… 各適量
ピュア・オリーブオイル ………… 適量
バター ……………………………… 適量
塩、白こしょう ………………… 各適量

**memo**
アーティチョークのバリグール風のルセットは、216ページの「スズキのポシェ　アーティチョークのバリグール風」を参照。

ソース・トルチュ
┌ フォン・ド・ヴォー（269ページ）
│　　　　　　　　　　　　 1500㎖
│ 鶏のブイヨン（269ページ）… 750㎖
│ 白ワイン ………………………… 300㎖
│ トルチュ用ミックススパイス … 30g
│ バジル …………………………… 1本
│ セージ …………………………… 1本
│ タイム …………………………… 1本
│ ローリエ ………………………… 1枚
│ シェリー酒 ……………………… 少々
│ 赤ワインヴィネガー …………… 少々
│ トリュフオイル ………………… 少々
└ 塩、白こしょう ……………… 各適量
アーティチョークのバリグール風、
　　アンディーヴ ………… 1人分各½個
黒オリーブ ………………… 1人分2個
グリーンオリーブ ………… 1人分3個
付け合わせ（1人分）
┌ 姫にんじん ……………………… 1本
│ 小かぶ ………………………… ¼個
│ ミニアスパラガス ……………… 1本
│ しいたけ ………………………… 1個
│ ウズラ卵 ………………………… 1個
│ バター、サラダ油 …………… 各適量
│ ほうれん草のソテー …………… 40g
│ ドライトマト …………………… 少々
│ トリュフ薄切り ………………… 3枚
│ シャンピニオン薄切り ………… 3枚
│ セージ、バジル、ローリエ、
└ 　ローズマリー ……………… 各少々

**作り方**

**豚の頭をゆでる**

**1**　豚の頭は骨を全部取り除く。脳みそとタンは使うので、それぞれ頭蓋骨と顎関節から取り出す。脳みそは血抜きしておく。

**2**　頭とタンを一度水からゆでこぼす。

**3**　鍋に入れ、たっぷりの水と白ワイン、白ワインヴィネガー、粗塩を加え、火にかける。

**4** 沸騰したら半割にした玉ねぎとにんじん、にんにく、セロリはそのまま、スパイス類を加え、とろ火で3時間煮る。
**5** バットに広げる。上から重しをかけて、平らにする。
**6** 冷蔵庫で冷やし固める。
**7** いちばん肉がついている顔とあごの部分を3cm角くらいの正方形に切る。タンは皮をむき、同じようなサイズに切る。耳は大ぶりの棒状に切る。

### 脳みそとトサカをゆでる

**1** 脳みそは白ワインとローリエ、タイムを加えた湯で静かに20分ゆでる。そのままゆで汁のなかで冷ます。
**2** 鶏のトサカは薄力粉とレモン汁を混ぜた湯で1時間以上ゆでる。
**3** 脳みそは盛りつけの前に、ムニエルにする。薄力粉を薄くまぶし、オリーブオイルで表面を色づけてからバターを加え、色よく焼き上げて仕上げに塩、こしょうする。

### ソースを作って肉を煮る

**1** フォン・ド・ヴォー、鶏のブイヨン、白ワインを合わせてわかし、トルチュ用ミックススパイス(フランス産の市販品)とハーブ類を加え、軽く煮詰めてシノワで漉す。
**2** 1人分につき180mℓの**1**で顔の肉、あごの肉、タンと耳を各1切れ、鶏のトサカを煮る。
**3** アーティチョークのバリグール風と、アンディーヴ(半分に切り、水、砂糖、レモン汁と一緒に真空パックにして90℃のスチームコンベクションオーブンで20分加熱したもの)、2種のオリーブを加え、一緒に煮る。
**4** シノワに上げて、煮汁と具に分ける。煮汁はちょうどよい濃さに煮詰め、具は塩、こしょうして保温する。

### 仕上げをする

**1** 姫にんじん、小かぶ、ミニアスパラガスは塩ゆでし、バターでソテーする。ちいたけは半分に切ってバターでソテーする。
**2** ウズラ卵は200℃のサラダ油で揚げる。
**3** 煮詰めた煮汁をシェリー酒、赤ワインヴィネガー、トリュフオイル、塩、こしょうで味を調える。
**4** 皿にほうれん草のソテーを敷き、肉類と**1**、**2**を盛りつけてソースをかける。
**5** ドライトマト、トリュフ、シャンピニオン、ハーブ類を飾る。

# 豚足のファルシ　アサリとフォアグラ添え

カラー写真は 116 ページ

**材料**　25 人分

- 豚足 ……………………………… 25 本
- 水 ………………………………… 適量
- 白ワイン ………………………… ½ 本
- 白ワインヴィネガー …………… 100 ml
- 粗塩 ……………………………… 30 g
- 玉ねぎ …………………………… 3 個
- にんじん ………………………… 2 本
- にんにく ………………………… 2 個
- セロリ …………………………… 2 本
- 鶏胸肉 …………………………… 270 g
- 生クリーム ……………………… 135 ml
- エシャロットみじん切り ……… 40 g
- プルロットのソテーみじん切り … 400 g
- トリュフジュース ……………… 8 ml
- トリュフみじん切り …………… 25 g
- フォアグラのテリーヌ ………… 20 g
- 塩、白こしょう ………………… 各適量
- 豚の網脂 ………………………… 適量
- ディジョンマスタード ………… 適量
- パン粉 …………………………… 適量
- 薄力粉、溶き卵 ………………… 各適量
- 澄ましバター …………………… 適量
- マスタード・ソース（1 人分）
  - エシャロット薄切り ………… 5 個
  - 白ワイン ……………………… 1 本
  - 白粒こしょう ………………… 10 個
  - フォン・ド・ヴォー（269 ページ）… 400 g
  - 生クリーム …………………… 30 ml
  - 粒マスタード ………………… 20 g
  - バター ………………………… 適量
  - 塩、白こしょう ……………… 各適量
- にんじんのピューレ（20 人分）
  - にんじん ……………………… 5 本
  - バター ………………………… 150 g
  - クミンシード ………………… 5 g
  - 塩 ……………………………… 適量
  - 生クリーム …………………… 少々
- 付け合わせ（1 人分）
  - アスパラガス・ソバージュ …… 3 本
  - アサリ ………………………… 2 個
  - 水 ……………………………… 少々
  - 鶏のジュ（269 ページ） ……… 少々
  - エクストラ・バージン・オリーブオイル …… 少々
  - シブレットみじん切り ……… 少々
  - トリュフ薄切り ……………… 1 枚
  - シャンピニオン薄切り ……… 1 枚
  - フォアグラソテー …………… 15 g
  - ほうれん草のソテー ………… 少々
- トリュフオイル、黒粒こしょう、粗挽きの塩 …… 各少々

**作り方**

**豚足シートを作る**

1. 豚足の蹄の下に横 1 本の切れ込みを入れ、さらに蹄から下の中心に縦 1 本の切れ込みを入れて、上の肉を削ぐようにして広げる。
2. 一度水からゆでこぼす。
3. 豚足を鍋に入れ、たっぷりの水と白ワイン、白ワインヴィネガー、粗塩を加え、火にかける。
4. 沸騰したら半割にした玉ねぎとにんじん、にんにく、セロリはそのまま加え、とろ火で 3 時間、柔らかくなるまで煮る。
5. 粗熱を取り、骨を全部はずす。
6. バットに広げる。上から重しをかけて、真っ平らにする。
7. 冷蔵庫で冷やし固める。
8. 固まったら横 20 cm、縦 12 cm の長方形の豚足シート 15 枚に切り分ける。
9. 残った豚足は 7 mm 角に刻んでおく。

### ムースを作って豚足シートに詰める

1. 鶏胸肉をフードプロセッサーで細かくし、生クリームを混ぜ合わせてムースにする。
2. ボウルに移し、7mm角に刻んだ豚足、レンジで加熱してしんなりさせたエシャロット、バターで炒めたあとフードプロセッサーでみじん切りにしたプルロット、トリュフジュース、トリュフ、7mm角に切ったフォアグラのテリーヌをよく混ぜ合わせる。塩、こしょうで味を調えて、絞り袋に入れる。
3. 豚足シートの手前にムースを絞り出す。豚足シート1枚が2人分になる。
4. ムースを芯に、ロール状に巻く。次に網脂で巻き、ラップでしっかり包み、さらにアルミフォイルで包む。
5. 85℃のスチームコンベクションオーブンで30分蒸し、冷ましておく。
6. 長さを半分に切り、ディジョンマスタードを全体にまぶす。
7. 目の細かいパン粉をまぶし、さらに粉をまぶして溶き卵にくぐらせ、もう一度パン粉をまぶす。
8. 多めの澄ましバターできつね色に揚げ焼きする。

### マスタード・ソースを作る

1. エシャロットと白ワイン、砕いた白粒こしょうを鍋に入れ、3分の1量に煮詰める。
2. フォン・ド・ヴォーを加え、さらに半分に煮詰める。これがソースベース。
3. 1人分につき100mlのソースベースに対し、生クリーム30ml、粒マスタード20gを加えて温め、1cm角の冷たいバター5個を溶かし込んで塩、こしょうで味を調える。

### にんじんのピューレを作る

1. にんじんは4mm厚さにスライスし、クミンシードを最初から加えてバターで炒める。
2. 塩をふり、蓋をして弱火で蒸し煮する。
3. 柔らかくなったらミキサーにかけてピューレにして、目の細かいシノワで裏漉す。
4. 生クリームを混ぜ合わせて、塩味を調える。

### 付け合わせを用意して仕上げる

1. アスパラガスは塩ゆでする。
2. アサリを少量の水と一緒に鍋に入れて強火にかけ、貝が開いたら身を取り出して、鍋のなかの液体に戻して、ちょうどよく火を通す。
3. 殻に身を戻し、鶏のジュとエクストラ・バージン・オリーブオイルをたらし、シブレットをふる。
4. 豚足の両端を薄くカットして皿に盛り、トリュフオイルをたらし、トリュフとシャンピニオン、フォアグラのソテーをのせ、砕いた黒粒こしょうと粗挽きの塩をのせる。
5. 豚足の手前にソースを流す。
6. ほうれん草のソテーを敷いた上にアサリをのせ、アスパラガスを盛る。
7. にんじんのピューレをすっと伸ばす。

# 仔ウサギのトゥールト　サリエットの香り

カラー写真は118ページ

**材料**　4個・8人分

ウサギ …………………………… 1羽
マリネ用
- タイム、サリエット ………… 各5本
- ローリエ ……………………… 3枚
- 白ポルト酒 …………………… 30mℓ
- コニャック …………………… 15mℓ
- 白ワイン ……………………… 10mℓ
- エクストラ・バージン・オリーブオイル …………………… 20mℓ

ムース
- 鶏胸肉 ………………………… 200g
- 卵白 …………………………… 1個分
- 生クリーム …………………… 100g
- トーション・フォアグラ …… 25g
- ほうれん草のバターソテー … 40g
- トリュフオイル ……………… 少々
- 塩、白こしょう ……………… 各適量

パート・ブリゼ（271ページ）…… 適量
フィユタージュ（271ページ）…… 適量
卵黄 ……………………………… 適量
澄ましバター …………………… 適量

ウサギのジュ（10人分）
- ウサギのガラ ………………… 1羽分
- ピュア・オリーブオイル …… 適量
- にんにく ……………………… ½個
- 玉ねぎ、にんじん …………… 各30g
- セロリ ………………………… 15g
- トマトペースト ……………… 小さじ1
- 白ワイン、白ポルト酒 ……… 各適量
- 鶏のブイヨン（269ページ）… 適量
- サリエット、タイム ………… 各3本
- 白粒こしょう ………………… 5個
- クローブ ……………………… 2個
- ねずの実 ……………………… 3個
- 塩、白こしょう ……………… 各適量

ジロール茸のエチュベ
- ジロール茸 …………………… 100g
- バター ………………………… 適量
- にんにくみじん切り ………… 小さじ1
- エシャロットみじん切り …… 小さじ1
- 白ワイン ……………………… 適量
- 鶏のブイヨン（269ページ）… 大さじ3
- タイム ………………………… 1本
- ローリエ ……………………… 1枚
- 塩、白こしょう ……………… 各適量

そら豆のピューレ
- そら豆 ………………………… 100g
- 塩 ……………………………… 適量

サリエット ……………………… 少々

> **memo**
> トーション・フォアグラのルセットは、223ページの「フォアグラのフォンダン　よもぎのジュレ」を参照。

## 作り方

### ウサギの肉をマリネする

1　ウサギはもも肉、胸肉、ヒレ肉（ささみ）を取りはずし、もも肉の骨を除く。
2　レバー、腎臓と一緒にマリネ用の材料をまぶし、冷蔵庫で一晩マリネする。

### ムースを作る

1　鶏胸肉の皮をはがし、卵白と一緒にフードプロセッサーでまわしてピューレにする。
2　目の細かいシノワで漉す。
3　130gの**2**に生クリーム混ぜ合わせる。
4　裏漉したトーション・フォアグラを混ぜ込む。
5　ざく切りにしたほうれん草のバターソテー、トリュフオイルを混ぜ合わせ、塩、こしょうで味を調える。

### パイで包んで焼く

1. マリネした肉類からハーブを取り除き、それぞれ4等分する。
2. 2mm厚さに伸ばしたパート・ブリゼを肉類よりひとまわり大きな丸に抜き、中心にムースを少し塗り、その上に胸肉、腎臓、もも肉を並べる。その上にムースを接着剤がわりに少し塗りながらレバーとヒレ肉を重ね、残りのムースで全体を覆う。パート・ブリゼを上に折る。
3. 2mm厚さに伸ばしたフィユタージュをふたまわり大きな丸に抜き、ぴたりと包む。残ったフィユタージュで飾りをつける。
4. 卵黄を塗って乾かし、もう一度塗る。
5. 230℃のコンベクションオーブンで9分焼き、8分温かい場所で休ませる。
6. 同じ温度で今度は2分焼き、同様に1分休ませる。
7. 澄ましバターを表面に塗り、完成。

### ウサギのジュを作る

1. ウサギのガラを2cm角くらいに切る。にんにくは半割、玉ねぎ、にんじん、セロリは1cm角に切る。
2. オリーブオイルでガラを炒める。
3. きつね色になったらにんにくを加え、さらに炒める。
4. よい香りが出てきたら玉ねぎ、にんじん、セロリを加え、しんなりと炒める。
5. トマトペーストを加えて炒め合わせる。
6. 白ワインと白ポルト酒をひとまわしずつかけ、鍋底についた焦げやうま味を溶かし込む。
7. ひたひたの鶏のブイヨンを加え、わいたらアクを取り、ハーブとスパイスを加え、40分煮込む。
8. 目の細かいシノワで漉す。
9. 鍋に戻して3分の2量になるまで煮詰め、塩、こしょうで味を調える。

### ジロール茸を蒸し煮にする

1. ジロール茸をバターで炒める。
2. にんにく、エシャロットを加え、白ワインをひとまわしかけ、アルコール分を飛ばす。
3. 鶏のブイヨンとタイム、ローリエ、塩、こしょうを加え、蓋をして蒸し煮する。

### そら豆のピューレを作る

1. そら豆を塩ゆでして皮から出し、少量の水と一緒にミキサーにかけてピューレにする。
2. 塩だけで味を調える。

### 盛りつけ

1. 皿に2つに切ったトゥールトをのせ、ウサギのジュを流す。
2. そら豆のピューレとジロール茸を添え、サリエットを飾る。

# パテ・アン・クルート

カラー写真は 122 ページ

**材料** 横7.5cm×高さ8cm×長さ30cm
のパテ・アン・クルート型1本分

ファルスA
- 鴨胸肉 ………………………… 350g
- 豚の背脂 ……………………… 175g
- 鶏胸肉 ………………………… 170g
- 豚のど肉 ……………………… 380g
- 鶏レバー ……………………… 80g
- フォアグラ …………………… 160g

ファルスB
- 豚の背脂 ……………………… 280g
- 豚のど肉 ……………………… 80g
- 鶏レバー ……………………… 80g

マリネ用
- 塩 ……………………………… 22g
- 砂糖 …………………………… 2.4g
- 硝石 …………………………… 2g
- 白こしょう …………………… 4g
- キャトルエピス ……………… 2.5g
- ビタミンC …………………… 1.5g
- コニャック …………………… 50g
- 白ポルト酒 …………………… 40g
- 白ワイン ……………………… 40g
- オリーブオイル ……………… 20g
- グラス・ド・ヴィアンド …… 38g
- 全卵 …………………………… 75g
- にんにく薄切り ……………… 2片
- エシャロット薄切り ………… 30g
- タイム ………………………… 3本
- ローリエ ……………………… 1枚
- パセリ ………………………… ¼本

- クルミ ………………………… 150g
- 鴨胸肉 ………………………… 2枚
- 鶏胸肉 ………………………… 1枚
- フォアグラ …………………… 400g
- 塩、白こしょう ……………… 各適量
- ポルト酒 ……………………… 50mℓ
- 白ポルト酒 …………………… 50mℓ
- コニャック …………………… 50mℓ
- パート・ブリゼ（271ページ）… 適量
- 背脂シート …………………… 適量
- 乾燥トランペット茸 ………… 20g
- バター ………………………… 適量
- ピスターシュ ………………… 適量
- 卵黄 …………………………… 1個
- 水 ……………………………… 少々
- 牛コンソメ（270ページ）…… 適量

野菜のグレック（10人分）
- 赤パプリカ、黄パプリカ … 各½個
- カリフラワー ………………… 1個
- ヤングコーン ………………… 10本
- にんじん ……………………… ½本
- かぶ …………………………… 3個
- エクストラ・バージン・オリーブ
  オイル ……………………… 100mℓ
- コリアンダーシード ………… 5g
- レーズン ……………………… 10g
- レモン汁 ……………………… 50mℓ
- 塩 ……………………………… 適量

バジル、セルフィユ …………… 各少々

## 作り方

**ファルスを作る**

1. AとBの材料を全部2cm角程度に切る。
2. Bの材料をオリーブオイルで表面だけ香りよくソテーする。粗熱を取っておく。
3. マリネ用の塩から全卵までの材料をよく混ぜ合わせる。
4. AとBを容器に入れ、にんにく、エシャロット、タイム、ローリエ、パセリをのせて3をかけ、手で混ぜてよくなじませる。
5. 冷蔵庫で24時間マリネする。
6. 香草類とにんにくを除き、ミンチ機で液体も一緒に粗挽きにする。
7. ローストして粗く刻んだクルミを加え、軽く練る。1本につき、このファルスを1200g使う。

### 肉をマリネして型を準備する

1. 鴨胸肉は皮をはがし、筋を取る。鶏胸肉も皮をはがし、厚みを半分に切って2枚にする。フォアグラは筋を取り、1cm厚さにスライスする。
2. 1に塩、こしょうし、2種のポルト酒とコニャックをふり、冷蔵庫で一晩マリネする。
3. 型の内側にバターを塗っておく。
4. パート・ブリゼを2mm厚さに伸ばし、型の内側にはまるサイズに切り抜く。残った生地から蓋用を大きめに切り抜く。
5. 背脂シートは4より大きめに切り抜く。
6. パート・ブリゼを型の内側に貼り、背脂シートを重ねてぴったりと貼りつける。余分は蓋になるので、上にたらしておく。

### 型に詰めて焼く

1. 乾燥のトランペット茸は水で戻し、バターで炒め、塩、こしょうして冷ます。
2. 卵黄に水、塩、こしょうを加えて混ぜ合わせる。
3. ファルスを4等分する。
4. 底からファルス、トランペット茸、鶏胸肉、ファルス、ピスターシュ、フォアグラ、ファルス、ピスターシュ、鴨胸肉、ファルスの順番で詰める。いちばん上はこんもりと盛り上がらせる。
5. 背脂シートをかぶせて蓋をして、その上に蓋用のパート・ブリゼをのせ、2でぴったりと接着する。
6. 蓋に2を塗り、残ったパート・ブリゼで飾りをつける。
7. 冷蔵庫で30~40分冷やす。
8. 上に2か所空気穴を開け、アルミフォイルで煙突を作る。
9. 175℃のコンベクションオーブンで15分焼く。
10. 外に出して15分休ませる。
11. 220℃で30分焼いたら、蓋が焦げないようアルミフォイルをかぶせてカバーし、さらに10~15分焼いて芯温が40℃以上になったら取り出す。
12. 常温で冷ます。冷めたら煙突からコンソメを流し込み、冷蔵庫で1日くらい休ませる。

### 野菜のグレックを作る

1. 野菜はすべて一口大に切る。
2. 鍋にオリーブオイルと野菜を入れて火にかけ、色づけないように炒める。
3. オイルが全体にまわったら、残りの材料を加える。
4. 蓋をして、蒸し煮にする。歯ごたえよく仕上げる。

### 盛りつけ

1. パテ・アン・クルートを1.5~2cm厚さに切り、皿に盛る。
2. 野菜のグレックを添え、バジルとセルフィユを飾る。

# ルクルス

カラー写真は 124 ページ

**材料** 30cm×38cm1台分

ソミュール
- 水 ……………………………… 適量
- にんにく薄切り ………………… 35g
- タイム …………………………… 7g
- ローリエ ………………………… 3g
- 白粒こしょう …………………… 5g
- ねずの実 ………………………… 3g
- クローブ ………………………… 3個
- 塩 ……………………………… 950g
- 砂糖 …………………………… 200g
- 硝石 …………………………… 50g

牛タン …………………………… 4本

トーション・フォアグラ
- フォアグラ …………………… 2500g
- 塩 ……………………………… 35g
- 白こしょう ……………………… 5g
- 砂糖 …………………………… 10g
- 白ポルト酒 …………………… 150㎖
- コニャック …………………… 75㎖
- 鶏のブイヨン(269ページ) …… 適量

クレーム・フォアグラ
- トーション・フォアグラ …… 2100g
- バター ………………………… 350g
- 白ポルト酒 …………………… 105㎖
- 板ゼラチン …………………… 35g

付け合わせ
- さやいんげん、アンディーヴ、マンゴー、黒トリュフ …… 各適量
- ヴィネグレット・ソース(271ページ) …………………………… 適量
- トマト、セルフィユ ………… 各適量
- 黒粒こしょう …………………… 少々

> memo
> 30cm×38cmのバットを型として使う。

## 作り方

### ソミュールを作る

1 水2ℓににんにく、タイム、ローリエ、白粒こしょう、ねずの実、クローブを入れてわかす。
2 弱火で30分くらいかけて褐色になるまで煎じ、シノワで漉す。
3 水を足して10ℓにする。
4 塩、砂糖、硝石を溶かし、もう一度わかす。
5 沸騰したら火を止め、冷やす。

### 牛タンを塩漬けしてスモークにかける

1 牛タンにフォークでたくさん穴をあける。
2 注射器にソミュールを詰め、牛タンにソミュールを注入する。場所を変えて何か所も打ち、全体がふくらんでくるまで。
3 牛タンを容器に入れ、残りのソミュールを注ぎ、冷蔵庫で10日間塩漬けにする。

4　鍋に牛タンとたっぷりの水を入れ、串がすっと刺さるまで、5～6時間ゆでる。
5　湯から取り出して冷まし、皮をむく。
6　よく冷やしたのち、3～3.5mm厚さにスライスする。
7　網に並べ、桜のスモークウッドで1時間程度スモークする。

**トーション・フォアグラを作る**
1　フォアグラの筋と血管を取り除き、塩、こしょう、砂糖、白ポルト酒、コニャックをまぶして冷蔵庫で1日マリネする。
2　直径4cmの棒状に成形し、しっかりとした布で筒状に包む。たこ糸で両端をしっかりと縛る。
3　50℃に温めた鶏のブイヨンで30分加熱する。
4　網バットに上げ、冷ます。
5　粗熱が取れたら冷蔵庫で冷やし固める。

**層に重ねて固める**
1　クレーム・フォアグラを作る。トーション・フォアグラは裏漉し、バターは常温に戻してポマード状に練る。板ゼラチンは水で戻しておく。
2　フォアグラとバターをよく練り合わせる。
3　板ゼラチンを温めた白ポルト酒に入れて溶かし、粗熱を取る。
4　3を2に加えてよく混ぜ合わせる。
5　バットの底にオーブンシートを敷く。
6　牛タンを敷き詰め、その上にクレーム・フォアグラを牛タンと同じ厚さになるよう伸ばす。
7　これをあと4回繰り返し、いちばん上に牛タンを広げる。
8　ラップで密閉して冷蔵庫で冷やし固める。

**盛りつけ**
1　ルクルスを8mm厚さにスライスして皿に盛る。
2　塩ゆでしたさやいんげん、5mm幅に切ったアンディーヴ、三角形に切ったマンゴー、細切りの黒トリュフをヴィネグレット・ソースであえ、横に添える。
3　櫛切りにしたトマトとセルフィユを飾り、砕いた粒こしょうを添える。

# 北海道からの贈り物

カラー写真は 126 ページ

**材料**

フォアグラのロワイヤル
（プリン型6個分）
- フォアグラ …………… 50g
- 鶏レバー ……………… 50g
- 全卵 …………………… 2個
- 牛乳 …………………… 250mℓ
- キャトルエピス ……… 少々
- 塩、白こしょう ……… 各適量

ソース（4人分）
- 阿寒湖産エクルヴィスの頭と殻
  ………………………… 1kg
- ピュア・オリーブオイル …… 適量
- 玉ねぎ薄切り ………… 1個
- にんじん薄切り ……… ½本
- セロリ薄切り ………… ⅓本
- トマトペースト ……… 20g
- 白ワイン ……………… 50mℓ
- 水 ……………………… 適量
- トマト ………………… 1個
- 牛乳 …………………… 50mℓ
- 生クリーム …………… 200mℓ
- バター ………………… 20g
- 塩、白こしょう ……… 各適量

クール・ブイヨン
- 水 ……………………… 適量
- 白ワインヴィネガー … 適量
- 玉ねぎ薄切り ………… 少々
- にんじん薄切り ……… 少々
- セロリ薄切り ………… 少々
- 塩 ……………………… 適量

阿寒湖産エクルヴィス …… 2人分3尾
トリュフ細切り ……………… 適量
ハーブ ………………………… 適量

**作り方**

**フォアグラのロワイヤルを作る**

1 フォアグラは筋と血管を取り除く。鶏レバーも筋を取り、血抜きする。
2 1と全卵、牛乳をミキサーにかける。
3 目の細かいシノワで漉して、キャトルエピス、塩、こしょうで味を調える。
4 容量90mℓのプリン型に流し、100℃のスチームコンベクションオーブンで40分加熱する。すぐに使わない場合は冷蔵庫で保存し、盛りつけのさいに温まるまで蒸し直す。

**ソースを作る**

1 エクルヴィスの頭と殻を小さく叩く。
2 天板に広げてオリーブオイルをふりかけ、180℃のオーブンに入れて香ばしく焼く。

**3** 鍋にオリーブオイルを入れて、玉ねぎ、にんじん、セロリを炒める。
**4** しんなりしたらトマトペーストを加えて炒め合わせる。
**5** 焼き上がったエクルヴィスを野菜の鍋に加える。天板に白ワインを注ぎ、底についた焦げを煮溶かして加える。
**6** 水をひたひたに加え、沸騰してアクを取ったらざく切りにしたトマトを入れて1時間煮込む。
**7** 味がしっかり出たら、シノワで漉す。これがベースになる。
**8** ベース200mlを別の鍋に入れて牛乳、生クリームを加えて軽く煮詰める。
**9** 使う直前に冷たいバターを溶かし込んで塩、こしょうで味を調え、バーミックスで泡立てる。

### エクルヴィスをゆでて仕上げる

**1** クールブイヨンを作る。水に白ワインヴィネガーを酸っぱく感じるくらい加え、玉ねぎ、にんじん、セロリ、塩を加えてわかし、20分くらい煮てシノワで漉す。
**2** エクルヴィスをクール・ブイヨンで4〜5分ゆでる。
**3** 殻をむいて尾と爪の身を取り出す。
**4** フォアグラのロワイヤルをプリン型から抜いて皿に盛り、**3**をのせる。
**5** ソースをかけ、トリュフとハーブを飾る。

# 的鯛のクルスティアン

カラー写真は128ページ

**材料　4人分**

| | |
|---|---|
| 的鯛 …………………… 100g×4枚 | ミニフヌイユ …………………… 12本 |
| 塩、白こしょう ………………… 各適量 | ペルノー酒、水 ………………… 各少々 |
| 強力粉 …………………………… 少々 | ミニトマト ……………………… 12個 |
| ピュア・オリーブオイル ……… 適量 | グリーンオリーブ ……………… 8個 |
| トマト …………………………… 大4個 | 生のローリエ …………………… 適量 |
| エクストラ・バージン・オリーブ | |
| 　オイル ………………………… 適量 | |

**作り方**

**的鯛をカリッと焼く**

1　的鯛は皮つきのまま二等分する。
2　塩、こしょうして薄く強力粉をまぶす。
3　フライパンにピュア・オリーブオイルを温め、皮面から焼く。
4　7分通り火が入り、皮がカリカリになったら裏返し、身をさっと焼く。

**ソースを作る**

1　トマトをミキサーでピューレにして、布で漉す。
2　漉し取った透明な液体を80mℓになるまで煮詰める。
3　エクストラ・バージン・オリーブオイル20mℓを混ぜ、塩、こしょうで味を調える。

**付け合わせを作って仕上げる**

1　ミニフヌイユはピュア・オリーブオイルで軽くソテーする。
2　ペルノー酒と水、塩を加え、柔らかくなるまで火を通す。
3　ミニトマトはへたを取り、バットに並べてエクストラ・バージン・オリーブオイルをふりかけ、ラップで蓋をしてオーブンの上の温かい場所（80℃くらい）に1時間くらい置いてコンフィにする。
4　皿に的鯛とミニフヌイユ、ミニトマト、グリーンオリーブを盛り、ソースをかける。ローリエを飾る。

# 牛レバーのポワレ エシャロットソース

カラー写真は132ページ

**材料　4人分**

エシャロットソース
- エシャロットみじん切り ……… 30g
- 白ワイン …………………… 50㎖
- 白ワインヴィネガー ………… 50㎖
- フォン・ド・ヴォー（269ページ）
  　　　　　　　　　　……… 200㎖
- バター ……………………… 30g
- 塩、白こしょう …………… 各適量

メークイン ………………… 大1個
牛乳 ………………………… 適量
バター ……………………… 適量
塩、白こしょう …………… 各適量
ジロール茸 ………………… 24個
エシャロットみじん切り ……… 少々
葉玉ねぎ …………………… 4個
ピュア・オリーブオイル ……… 適量
牛レバー ………………… 100g×4枚
強力粉 ……………………… 適量
シブレット ………………… 少々

## 作り方

**エシャロットソースを作る**

1　エシャロット、白ワイン、白ワインヴィネガーを軽く煮詰める。
2　フォン・ド・ヴォーを加えてさらに煮詰める。
3　冷たいバターを溶かし込み、塩、こしょうで味を調える。

**付け合わせを作る**

1　メークインは皮つきのまま電子レンジで加熱して中心まで火を通す。
2　皮をむいて裏漉し、牛乳とバターを加えながらハンドミキサーで攪拌する。塩、こしょうで味を調える。
3　ジロール茸はバターで炒め、仕上げにエシャロットを混ぜて香ばしく仕上げて、塩、こしょうする。
4　葉玉ねぎは縦半分に切り、オリーブオイルで炒めて塩、こしょうする。

**レバーを焼いて仕上げる**

1　レバーに塩、こしょうして強力粉を薄くまぶす。
2　フライパンにオリーブオイルを敷き、強火で両面を焼いて色づけ、仕上げにバターを少し入れて香りづける。
3　網の上にのせ、180℃のオーブンで軽く温める。
4　牛レバーを皿に盛ってソースをかけ、小口切りのシブレットをふる。
5　じゃがいものピューレ、ジロール茸と葉玉ねぎを添える。

# サーモンのミキュイ　ステラ・マリス風

カラー写真は 130 ページ

**材料**　4人分

マリネ用
- スコットランド産サーモン …… 1尾
- 粗塩 …………………………… 1kg
- 砂糖 …………………………… 400g
- コリアンダーシード …………… 10g
- 白粒こしょう ………………… 10g

じゃがいものクレープ
- メークイン ……………………… 100g
- 薄力粉 …………………………… 26g
- 全卵 …………………………… 0.6個
- 焦がしバター …………………… 20g
- ナツメグ、塩、砂糖 ………… 各少々

- ブロッコリー …………………… ½個
- 塩 ……………………………… 適宜
- イタリアントマト ……………… 4個
- オレンジマーマレード ……… 大さじ1
- レモン汁 ……………………… 小さじ1
- セルバチカ、セルフィユ、ディル
  ………………………………… 各適量
- ヴィネグレット・ソース（271ページ）
  …………………………………… 適量

クリーム
- 生クリーム ………………… 100mℓ
- エシャロットみじん切り ……… ¼個
- ディルみじん切り …………… 少々
- レモン汁 ……………………… 小さじ1
- 塩、白こしょう ……………… 各適量

**作り方**

**サーモンをスモークする**

1　サーモンを三枚におろす。皮はつけたままにする。
2　粗塩、砂糖、コリアンダーシード、白粒こしょうをよく混ぜ合わせる。
3　バットに**2**を敷き詰め、皮を下にしてサーモンを並べる。
4　サーモンの上に残りの**2**をのせる。身が厚い部分は多めに、薄い部分は少なめに調節する。
5　ラップで蓋をして冷蔵庫で5時間マリネする。
6　水洗いして塩を取り除き、水気を拭き取る。
7　桜のスモークウッドで20分間スモークする。スモーカーの上の窓を開けて空気を逃がし、火は入らないようにして香りだけはしっかりつける。
8　冷蔵保存する。1人分につき、約80g使う。

**付け合わせを作る**

1　じゃがいものクレープを作る。メークインは皮をむいて塩ゆでし、裏漉してピューレにする。
2　薄力粉、溶きほぐした全卵、焦がしバターを混ぜ合わせ、ナツメグと塩、砂糖で調味する。

**3** テフロンのフライパンに生地を直径3cm程度に流し、両面をこんがりと焼く。
**4** ブロッコリーは塩ゆでし、ミキサーでまわしてピューレにし、塩で味を調える。
**5** トマトはざく切りにして、オレンジマーマレードとレモン汁であえる。
**6** セルバチカ、セルフィユ、ディルは食べやすくちぎって、ヴィネグレット・ソースであえる。

### 仕上げをする

**1** サーモンは皮を引く。160℃のガスオーブン（コンベクションオーブンの場合は70〜80℃）で2〜4分間加熱し、温かい場所に置いてじっくりゆっくり熱を入れ、半分は生、半分は火が入った状態に仕上げる。
**2** 生クリームを8分立てにし、水にさらしたエシャロット、ディルを混ぜ合わせ、レモン汁、塩、こしょうで味を調える。
**3** 皿にブロッコリーのピューレを敷き、サーモンを皮側を下にして盛り、**2**をのせる。
**4** じゃがいものクレープ、トマト、サラダを添える。

# 喜界島アイスクリーム

カラー写真は 134 ページ

**材料**
牛乳 ……………………………… 500 g
生クリーム ……………………… 150 g
水飴 ………………………………… 30 g
喜界島ザラメ …………………… 200 g
卵黄 ………………………………… 80 g
ダークラム酒 ……………………… 30 g

**作り方**
**ラム酒の香りのアイスクリームを作る**
1　牛乳、生クリーム、水飴を沸騰させる。
2　ボウルでザラメと卵黄を白くなるまですり合わせる。
3　1をゆっくりと加えながら混ぜ合わせる。
4　鍋に戻し、混ぜながら82℃にまで加熱する。
5　シノワで漉し、ラム酒を合わせる。急冷する。
6　パコジェットのビーカーに入れて冷凍し、粉砕してなめらかなアイスクリームにする。

# 赤ピーマンのブリュレ

カラー写真は 136 ページ

**材料** 30個分
- 赤パプリカ ………… 10個（約900g）
- 澄ましバター ………………… 適量
- ピキーリョ …………………… 130g
- 砂糖 …………………………… 224g
- 卵黄 …………………………… 576g
- 生クリーム …………………… 1ℓ
- カソナード …………………… 適量

**作り方**

**生地を作って加熱する**

1　パプリカは半割にしてへたと種を取る。
2　天板にオーブンシートを敷き、パプリカを並べて澄ましバターを塗り、180℃のオーブンで10分、ひっくり返して10〜15分、焦げる一歩手前まで焼く。
3　オーブンから出し、粗熱が取れたら皮をむく。
4　ピキーリョとは、スペイン産の赤ピーマン。水煮缶を使う。最初に水にさらして辛味をやわらげ、種を取っておく。
5　赤ピーマンとピキーリョをミキサーでなめらかなピューレ状になるまでまわす。
6　砂糖と卵黄を加え、さらにまわす。
7　シノワで漉し、生クリームを混ぜ合わせる。
8　ブリュレ用のグラタン皿に90mℓずつ流し、90℃のオーブンで35分から40分加熱する。
9　粗熱を取り、冷蔵庫で冷やしておく。

**仕上げをする**

1　表面にカソナードをたっぷりふる。
2　バーナーであぶってキャラメリゼする。

# 山羊のタルト・フロマージュと蜂蜜アイスクリーム

カラー写真は138ページ

**材料** 3台分

パータ・フォンセ
- 薄力粉 ……………………… 125g
- バター ……………………… 62.5g
- 卵黄 ………………………… 10g
- 塩 …………………………… 少々
- 水 …………………………… 30g

山羊チーズのアパレイユ
- サントモール ……………… 1個
- 砂糖 ………………………… 105g
- 塩 …………………………… ひとつまみ
- 卵黄 ………………………… 120g
- レモンの皮すりおろし …… 1個分
- 薄力粉 ……………………… 50g
- コーンスターチ …………… 50g
- 卵白 ………………………… 180g
- 砂糖（メレンゲ用）……… 90g

蜂蜜アイスクリーム（15人分）
- 牛乳 ………………………… 500g
- 生クリーム ………………… 150g
- 水飴 ………………………… 30g
- 蜂蜜 ………………………… 120g
- 卵黄 ………………………… 72g

ソース
- 冷凍ブルーベリー ………… 100g
- 砂糖 ………………………… 20g
- レモン汁 …………………… 適量

フランボワーズ ……………… 適量
蜂蜜 …………………………… 適量
ミント ………………………… 少々

**memo**

型は、底の直径が8cm、口の直径が14.5cm、高さ4cmのフランス製の専用型を使用しているが、似たような形の型で代用するといい。

**作り方**

**パータ・フォンセを型に敷く**

1. 材料はすべて冷蔵庫で冷やしておく。
2. フードプロセッサーに材料全部を入れてまわす。ポロポロになったら取り出して、ひとつにまとめる。
3. 3等分してできるだけ平らにして、ラップで包み、冷蔵庫で30分～1時間冷やす。
4. それぞれ2mm厚さに丸く伸ばしてピケする。
5. 型に敷き詰め、冷蔵庫でしっかり冷やす。
6. 余分な生地を切り落とす。

**山羊チーズのアパレイユを流して焼く**

1  サントモールは常温に戻しておく。
2  灰も皮も一緒にハンドミキサーで練ってクリーム状にする。
3  砂糖と塩を加えてすり混ぜる
4  卵黄を加えて混ぜる。
5  レモンの皮と、合わせておいた薄力粉とコーンスターチを加えて混ぜる。
6  メレンゲを作る。ツノが曲がる程度の柔らかさに。立てすぎに注意する。
7  5にメレンゲを加えて混ぜ合わせる。
8  パータ・フォンセを敷いた型に流して表面を平らにならす。
9  250℃のオーブンで15分、200℃に落として36分焼く。途中でオーブンは絶対に開けないように。
10  オーブンから出して型のまま冷まし、型からはずす。

**蜂蜜アイスクリームを作る**

1  牛乳、生クリーム、水飴を沸騰させる。
2  ボウルで蜂蜜と卵黄を白くなるまですり合わせる。
3  1をゆっくりと加えながら混ぜ合わせる。
4  鍋に戻し、混ぜながら82℃にまで加熱する。
5  シノワで漉し、急冷する。
6  パコジェットのビーカーに入れて冷凍し、粉砕してなめらかなアイスクリームにする。

**仕上げをする**

1  ソースを作る。ブルーベリーに砂糖をまぶして冷蔵庫に1日置いておく。
2  出た水分ごと鍋に入れ、濃度がつくまで煮る。
3  火を止めてレモン汁を加え、冷やす。
4  タルトを切り分けて皿に盛り、ソースを添えてフランボワーズとミントを飾る。
5  アイスクリームを横に盛り、蜂蜜をかける。

# 洋梨のベル・エレーヌ

カラー写真は 142 ページ

## 材料
各パーツとも基本配合の分量

**シュークル・スフレ**
- 砂糖 ………………………… 250 g
- 水 …………………………… 90 g
- 酒石酸 ……………………… 適量

**ディルオイル**
- ゆでたディル ……………… 50 g
- エクストラ・バージン・オリーブ
　オイル …………………… 100 g

**洋梨のマリネ**
- 洋梨 ………………………… 適量
- シロップ …………………… 適量
- ポワール・ウイリアム …… 適量
- ディル ……………………… 少々
- アスコルビン酸 …………… 少々

**洋梨のソルベ**
- ドライ洋梨 ………………… 250 g
- シロップ …………………… 150 g
- 水 …………………………… 550 g
- ポワール・ウイリアム …… 50 g
- 洋梨のピューレ …………… 1000 g

**シャルトリューズのジュレ**
- シロップ …………………… 200 g
- 砂糖 ………………………… 30 g
- レモン汁 …………………… 10 g
- 板ゼラチン ………………… 1.5 枚
- シュルトリューズ ………… 20 g

**ソース・カシス**
- 冷凍ホールカシス ………… 1000 g
- トレハロース ……………… 300 g
- 水飴 ………………………… 300 g

**ブリュレ・バニーユ**
- バニラビーンズ …………… 1 本
- 35％生クリーム …………… 1000 g
- 板ゼラチン ………………… 1 枚
- 卵黄 ………………………… 170 g
- 砂糖 ………………………… 100 g

> **memo**
> シロップは、水2に対して水飴1を煮溶かして作る。
> ポワール・ウイリアムは、洋梨のオー・ド・ヴィ（ブランデー）。

## 作り方

### 飴細工で洋梨を作る
1. 鍋に砂糖、水、酒石酸を入れて180℃まで煮詰める。
2. シルパットに流し、折り包むようにして、つやが出るよう飴を引く。
3. 飴ポンプで洋梨の形にふくらませ、底に穴を開けておく。

### ディルオイルを作る
1. パコジェットのビーカーにゆでたディル、オリーブオイルを入れて冷凍する。
2. 凍ったらパコジェットで粉砕し、溶けたらキッチンペーパーで漉す。

### 洋梨をシロップでマリネする
1. 洋梨と、ポワール・ウイリアム、ディル、アスコルビン酸を混ぜ合わせたシロップを真空パックする。
2. 冷蔵庫でマリネして洋梨にシロップをしみ込ませる。

### 洋梨のソルベを作る

1 ドライ洋梨をシロップと水150g、ポワール・ウイリアムで柔らかくなるまで煮る。
2 フードプロセッサーでまわし、目の細かい網で漉す。
3 粗熱が取れたら**2**を200gと洋梨のピューレ、水400gを混ぜ合わせ、パコジェットのビーカーに入れて冷凍する。
4 パコジェットにかけてなめらかなソルベにする。

### シャルトリューズのジュレを作る

1 鍋にシロップ、砂糖、レモン汁を入れてわかし、水で戻した板ゼラチンを溶かし混ぜる。
2 粗熱が取れたらシャルトリューズを混ぜ合わせ、容器に流して冷蔵庫で冷やし固める。

### ソース・カシスを作る

1 ボウルに冷凍のホールカシスをとトレハロースを入れ、ラップで蓋をし、水を沸騰させた鍋の上に30分置く。
2 出たジュースをシノワで押さないように漉す。
3 ジュースに水飴を加え、103℃になるまで煮詰める。

### ブリュレ・バニーユを作る

1 鍋にバニラビーンズと生クリームを入れてわかし、水で戻した板ゼラチンを溶かし混ぜる。
2 卵黄に砂糖を加え、白っぽくなるまですり混ぜる。
3 **2**に**1**を加えてよく混ぜ合わせ、バットに漉し入れる。
4 110℃のコンベクションオーブンで30分加熱する。
5 オーブンから出し、氷水で急冷する。
6 泡立て器で混ぜてなめらかにし、絞り袋に詰めて冷やしておく。

### 盛りつけ

1 飴の洋梨にディルオイル、シャルトリューズのジュレ、ブリュレ・バニーユ、マリネした洋梨、洋梨のソルベの順に詰める。
2 皿にソース・カシスを流して**1**をのせ、飴細工で作ったへたをつける。

# ティラミス

カラー写真は 144 ページ

**材料**

各パーツとも基本配合の分量

コンフィチュール・ド・レ
- 牛乳 …………………………… 1000g
- 35％生クリーム ……………… 250g
- トレハロース ………………… 200g
- 水飴 …………………………… 200g
- バニラビーンズ ……………… 1本

ソース・コンフィチュール・ド・レ
- コンフィチュール・ド・レ … 100g
- 牛乳 …………………………… 50g
- マスカルポーネチーズ ……… 100g

ムース・マスカルポーネ
- 砂糖 …………………………… 30g
- 加糖卵黄 ……………………… 120g
- 牛乳 …………………………… 240g
- 板ゼラチン …………………… 3枚
- マスカルポーネチーズ ……… 300g
- 35％生クリーム ……………… 240g

グラサージュ・マカダミア
- マカデミアナッツ …………… 150g
- カカオバター ………………… 500g
- ミルクチョコレート
  （グアナラ・ラクテ）……… 80g

チョコレートのチュイル
- フランスパン用粉 …………… 20g
- 砂糖 …………………………… 25g
- 卵白 …………………………… 80g
- ココアパウダー ……………… 25g
- トラブリ（コーヒーエキス）… 5g
- パールパウダー ……………… 適量

コーヒーのチュロス
- エスプレッソコーヒー ……… 160g
- 水 ……………………………… 100g
- 牛乳 …………………………… 100g
- バター ………………………… 60g
- 塩 ……………………………… 2.5g
- 砂糖 …………………………… 20g
- 国産強力粉 …………………… 200g
- 全卵 …………………………… 3個
- サラダ油 ……………………… 適量

ソース・キャラメル・カカオ・カフェ
- 水飴 …………………………… 100g
- 砂糖 …………………………… 200g
- ココアパウダー ……………… 20g
- エスプレッソコーヒー ……… 250g
- 水 ……………………………… 100g

ソース・エグランティーヌ
- エグランティーヌのピューレ … 100g
- 砂糖 …………………………… 20g
- 水飴 …………………………… 10g

カルダモンシュガー
- 砂糖 …………………………… 適量
- カルダモン …………………… 適量

マカダミア・ショコラ
- マカダミアナッツ …………… 1000g
- 砂糖 …………………………… 250g
- バター ………………………… 20g
- ホワイトチョコレート ……… 1000g
- パールパウダー ……………… 適量

カカオバター …………………… 適量

> **memo**
> フランスパン用粉は日清製粉の「テロワール・ピュール」、国産強力粉は「キタノカオリ」を使用している。パールパウダーは、製菓用の粉末色素。

**作り方**

### ソース・コンフィチュール・ド・レを冷凍する

1　コンフィチュール・ド・レの材料全部を鍋に入れ、底が焦げないように混ぜながら103℃まで煮詰め、冷やしておく。
2　1を100gと牛乳、マスカルポーネチーズを混ぜ合わせ、直径が3cmの半球のフレキシパンに流し、冷凍庫で冷やし固める。

### ムース・マスカルポーネを作る

1　砂糖と加糖卵黄を混ぜ合わせ、そこに沸騰された牛乳を加え混ぜる。
2　鍋に入れ、83℃になるまでかき混ぜながら加熱し、水で戻した板ゼラチンを溶かし混ぜる。
3　30℃くらいまで冷ます。
4　マスカルポーネチーズに加えて混ぜ合わせる。
5　7分立てにした生クリームを混ぜ合わせ、直径が4.5cmの半球のフレキシパンに半分まで流す。
6　真ん中に冷凍したソース・コンフィチュール・ド・レをムースと高さが同じになるよう沈める。
7　冷凍したのち、1個の球体になるようくっつける。

### グラサージュ・マカダミアを作る

1　マカデミアナッツを150℃のオーブンで15分ローストする。
2　フードプロセッサーでまわしてペースト状にする。
3　溶かしたカカオバターとミルクチョコレート、1をしっかりとよく混ぜ合わせる。
4　凍ったままのムース・マスカルポーネを竹串に刺し、3に浸してコーティングする。

### チョコレートのチュイルを作る

1　ボウルで全部の材料を混ぜ合わせ、細長いシャブロンを使ってシルパットに伸ばす。
2　150℃のコンベクションオーブンで7〜8分焼く。

### コーヒーのチュロスの生地を用意する

1　鍋にエスプレッソコーヒー、水、牛乳、バター、塩、砂糖を入れて沸騰させる。
2　火からはずし、ふるった粉を混ぜ合わせ、再び火にかけて水分を飛ばす。
3　溶いた全卵を少しずつ加えながら混ぜ、星型の口金をつけた絞り袋に入れる。
4　シルパットの上に直線に絞り、10cm長さにカットしておく。

### ソース・キャラメル・カカオ・カフェを作る
1　鍋に水飴、砂糖を入れて火にかけ、煮詰めてキャラメルを作る。
2　別鍋にココアパウダー、エスプレッソコーヒー、水を入れ、60℃に温める。
3　**1**に**2**を3回くらいに分けて加え、よく混ぜ合わせる。
4　**3**を106℃まで煮詰める。

### ソース・エグランティーヌを作る
1　鍋にエグランティーヌのピューレ、砂糖、水飴を入れて火にかけ、煮溶かす。

### カルダモンシュガーを作る
1　カルダモンから種子の小さな粒を取り出し、細かく刻む。
2　砂糖とよく混ぜ合わせる。

### マカダミア・ショコラを作る
1　マカデミアナッツを160℃のオーブンでローストする。
2　鍋に砂糖を入れて火にかけ、煮詰めてキャラメルを作る
3　マカデミアナッツをキャラメルに入れてまわりをコーティングする。
4　バターを入れて、冷ましながら1粒ずつにばらす。
5　ボウルに**4**を入れて、溶かしたホワイトチョコレートを少しずつ加えながらスパチュールでからめていく。
6　ホワイトチョコレートを入れきったら、パールパウダーをまぶす。

### 仕上げをする
1　コーヒーのチュロスを160℃のサラダ油で揚げ、油を切ってカルダモンシュガーをまぶす。
2　マスカルポーネのムースに、チョコレートのチュイル5～6本を溶かしたカカオバターで接着する。
3　皿に**2**をのせる。ソース・キャラメル・カカオ・カフェを流した上にはチュロスを盛る。
4　ソース・エグランティーヌとマカデミア・ショコラを添える。

# タルト・ショコラ

カラー写真は 146 ページ

**材料**　各パーツとも基本配合の分量

フィユタージュ・ショコラ
- バター生地
  - バター……………………… 600g
  - 中力粉……………………… 240g
  - ココアパウダー…………… 20g
- デトランプ
  - 中力粉……………………… 560g
  - 塩…………………………… 16g
  - 水…………………………… 240g
  - 白ワインヴィネガー……… 4g
  - バター……………………… 180g

クレーム・ショコラ
- 加糖卵黄…………………… 55g
- 砂糖………………………… 15g
- 35％生クリーム…………… 350g
- カカオ分70％チョコレート
  （グアナラ）……………… 80g
- カカオマス………………… 30g
- コアントロー……………… 20g

ガナッシュ・ショコラ
- 牛乳………………………… 100g
- 水…………………………… 100g
- 水飴………………………… 20g
- カカオマス………………… 100g

クランブル・ショコラ
- バター……………………… 250g
- 粉糖………………………… 250g
- アーモンドパウダー……… 250g
- 薄力粉……………………… 230g
- ココアパウダー…………… 40g

チュイル・ショコラ
- フォンダン………………… 300g
- 水飴………………………… 200g
- カカオマス………………… 60g

ピーナッツの糖衣がけ
- 砂糖………………………… 100g
- エスプレッソコーヒー…… 200g
- ピーナッツ………………… 200g

ティムトペッパーのアイスクリーム
- 牛乳………………………… 1000g
- 水飴………………………… 40g
- ティムトペッパー………… 5個
- 加糖卵黄…………………… 176g
- 35％生クリーム…………… 300g

オレンジオイル
- オレンジの皮……………… 10個分
- ウォッカ…………………… 20g
- サラダ油…………………… 200g

ブール・カカオ
- 牛乳………………………… 100g
- 42％生クリーム…………… 20g
- 水…………………………… 20g
- ココアパウダー…………… 8g
- レシチン…………………… 適量

金箔………………………………… 適量

> **memo**
> ティムトペッパーは、山椒の仲間であるネパール産スパイス。「グレープフルーツこしょう」とも呼ばれるように、爽やかな柑橘類の香りを持つ。

**作り方**

**フィユタージュ・ショコラを作る**

1　バター生地を作る。ミキサー（ケンミックス）にバターを入れ、ビーターで均一の固さになるまで混ぜる。

2　ふるった中力粉とココアパウダーを加え、全体がまとまるまでさらに混ぜ合わせる。

3　20cm×20cmの正方形に伸ばし、冷蔵庫で冷やす。

4 デトランプを作る。ミキサーに中力粉、塩、水、白ワインヴィネガーを入れ、フックでグルテンが出るまで中速で練る。
5 柔らかくしたバターを3回に分けて加え、なじむまで混ぜる。
6 20cm×20cmの正方形に伸ばし、冷蔵庫で冷やす。
7 バター生地を20cm×40cmの長方形に麺棒で伸ばし、デトランプをのせてバター生地でぴったり包む。
8 60cmくらいの長さに伸ばし、4つ折りにして冷蔵庫で30分休ませる。
9 再び60cmくらいの長さに伸ばし、3つ折りにして冷蔵庫で30分休ませる。
10 最後にもう一度60cmくらいの長さに伸ばし、4つ折りにする。
11 3mm厚さまで伸ばし、直径7cmと6.5cmのセルクルで抜き、リング型にする。
12 180℃のコンベクションオーブンで10分焼成する。

### クレーム・ショコラを作る
1 加糖卵黄と砂糖を白っぽくなるまで混ぜ合わせる。
2 沸騰させた生クリームを混ぜ合わせ、鍋に移してアングレーズを炊く。
3 溶かしたチョコレートとカカオマスに**2**を加え、乳化させてなめらかな状態にする。
4 コアントローを加え、直径7cmのセルクルに5mm高さまで流して冷凍する。

### ガナッシュ・ショコラを作る
1 牛乳、水、水飴を鍋に入れてわかし、溶かしたカカオマスに加えて乳化させる。
2 バットに1cm高さに流し、冷凍する。
3 凍ったら1cm角に切る。

### クランブル・ショコラを作る
1 フードプロセッサーに全部の材料を入れ、ひとつにまとまるまで混ぜる。
2 厚さ1cmに伸ばし、冷蔵庫で冷やす。
3 1cm角に刻み、シルパットに広げ、150℃のコンベクションオーブンで10分焼成する。

### チュイル・ショコラを作る
1 フォンダン、水飴を鍋に入れ、160℃まで煮詰める。
2 溶かしたカカオマスを加えて混ぜ合わせ、シルパットに流して冷やし固める。
3 ミルサーでまわしてパウダー状にする。
4 シルパットに直径7cmのシャブロンをのせ、**3**を薄く広がるようふりかけて、180℃のコンベクションオーブンに約1分入れて溶かす。
5 温かいうちにトヨ型に入れてカーブをつける。

**ピーナッツの糖衣がけを作る**
1　鍋に砂糖、エスプレッソコーヒーを入れて110℃に煮詰める。
2　ピーナッツを加え、火からはずして結晶化するまで混ぜる。

**ティムトペッパーのアイスクリームを作る**
1　牛乳と水飴を混ぜ合わせ、ティムトペッパーを入れて60℃に温める。
2　そのまま30分アンフュゼする。
3　加糖卵黄と砂糖を白っぽくなるまで混ぜ合わせ、2を加える。
4　鍋に移してアングレーズを炊く。
5　シノワで漉して、冷たい生クリームを混ぜ合わせて氷水で冷やす。
6　パコジェットのビーカーに入れて冷凍する。
7　パコジェットにかけてなめらかなアイスクリームを作る。

**オレンジオイルを作る**
1　オレンジの皮とウォッカを真空袋に入れて真空し、わいた湯のなかで2分火を入れる。
2　1を1日置いたあと、サラダ油と一緒にミキサーでまわし、キッチンペーパーで漉す。

**ブール・カカオを作る**
1　全部の材料を混ぜ合わせて温める。
2　バーミックスで攪拌して泡立てる。

**盛りつけ**
1　皿にクレーム・ショコラをのせ、その上にリング状のフィユタージュ・ショコラを置く。
2　内側にガナッシュ・ショコラとクランブル・ショコラを4個ずつ入れ、金箔をのせる。
3　フィユタージュのリングのふちにピーナッツを5個つける。
4　まわりにオレンジオイルを少量たらす。
5　ガナッシュ・ショコラとクランブル・ショコラを覆うようにブール・ショコラをのせる。
6　ピーナッツの逆側のふちにチュイル・ショコラをのせ、その上にティムトペッパーのアイスクリームを盛る。

# タルト・シトロン

カラー写真は 147 ページ

**材料**
各パーツとも基本配合の分量

サブレ・シトロン
- バター ……………………………… 825 g
- 砂糖 ………………………………… 180 g
- 塩 …………………………………… 6 g
- 卵黄 ………………………………… 30 g
- ベルガモットオイル ……………… 18 g
- 薄力粉 ……………………………… 900 g

クレーム・シトロン
- レモンの皮 ……………………… 20個分
- 砂糖 ………………………………… 680 g
- レモン汁 …………………………… 600 g
- 濃縮レモン ………………………… 80 g
- 全卵 ………………………………… 1200 g
- バター ……………………………… 720 g

ソース・シトロン
- レモン汁 …………………………… 70 g
- シロップ …………………………… 1000 g
- 砂糖 ………………………………… 80 g
- ペルノー酒 ………………………… 50 g
- ペクチン …………………………… 20 g

ソース・パッション
- パッションフルーツのピューレ … 2000 g
- パッションフルーツのピューレ
  （種入り）……………………… 1000 g
- 水飴 ………………………………… 180 g
- トレハロース ……………………… 285 g
- ペクチン …………………………… 54 g
- 砂糖 ………………………………… 900 g
- クエン酸 …………………………… 6 g
- 水 …………………………………… 少々

オリーブオイルのアイスクリーム
- 低脂肪乳 …………………………… 3000 g
- レモンの皮 ……………………… 10個分
- 砂糖 ………………………………… 300 g
- 水飴 ………………………………… 800 g
- ビドフィックス …………………… 30 g
- エクストラ・バージン・オリーブ
  オイル …………………………… 300 g

レモンの皮のコンフィ
- レモンの皮 ……………………… 1個分
- シロップ …………………………… 300 g
- 砂糖 ………………………………… 150 g

レモンのコンポート
- レモン ……………………………… 1個
- シロップ …………………………… 100 g
- トレハロース ……………………… 50 g

クレーム・シャンティー・シトロネル
- レモングラス ……………………… 適量
- 砂糖 ………………………………… 適量
- 35％生クリーム …………………… 適量

グラス・ロワイヤル
- 卵白 ………………………………… 30 g
- 粉糖 ………………………………… 200 g
- ピスターシュパウダー …………… 適量

パイナップルのスライス ………… 適量
ミント、ディル、菊花 ………… 各適量

> **memo**
> シロップは、水2に対して水飴1を煮溶かして作る。
> ビドフィックスはスイス製の100％天然原料の増粘剤。

**作り方**

**サブレ・シトロンを作る**
1　ポマード状にしたバターに砂糖、塩、卵黄、ベルガモットオイルを入れて混ぜ合わせる。
2　ふるった薄力粉を混ぜ合わせ、ラップで包んで冷蔵庫で休ませる。
3　冷えたら3mm厚さに伸ばし、直径6cmのセルクルで抜き、シルパットに並べる。
4　160℃のオーブンで10分程度焼く。

**クレーム・シトロンを作る**
1　削ったレモンの皮と砂糖をすり合わせ、砂糖に香りを移す。
2　1とレモン汁、濃縮レモン、卵を鍋に入れ、よく混ぜながら煮詰める。
3　シノワで漉し、50℃にまで冷めたらバターを加え、バーミックスで攪拌して乳化させる。
4　直径6cmのセルクルに5mm高さまで流し、冷凍する。

**ソース・シトロンを作る**
1　すべての材料を混ぜ合わせて、鍋に入れて火にかける。
2　沸騰したら1〜2分煮詰め、冷やしておく。

**ソース・パッションを作る**
1　クエン酸以外の材料を鍋に入れ、火にかけて103℃まで煮詰める。
2　水で溶いたクエン酸を混ぜ合わせ、冷やしておく。

**オリーブオイルのアイスクリームを作る**
1　鍋に低脂肪乳、レモンの皮、砂糖、水飴、ビドフィックスを入れて温め、砂糖を溶かす。沸騰させなくてよい。
2　オリーブオイルを少しずつたらしながら加え、バーミックスで攪拌して乳化させる。
3　パコジェットのビーカーに入れて冷凍する。
4　凍ったらパコジェットにかけ、なめらかなアイスクリームにする。

**レモンの皮のコンフィを作る**
1　レモンの皮を細切りにして3回ゆでこぼす。
2　シロップに砂糖と1を入れ、103℃になるまで煮詰める。

**レモンのコンポートを作る**
1　レモンの果肉を櫛形に切る。
2　シロップにトレハロースを加えてわかし、レモンを漬け込んでおく。

### クレーム・シャンティー・シトロネルを作る

1　レモングラスと砂糖をビニール袋に入れ、麺棒で叩いて香りを移す。
2　50℃に温めた生クリームにほどよい甘さになる量の1を入れ、30分くらいアンフュゼして香りを移す。
3　シノワで漉し、8分立てにする。

### グラス・ロワイヤルを作る

1　卵白と粉糖を混ぜ合わせ、葉っぱ型のシャブロンでシルパットに刷り込む。
2　ピスターシュパウダーをふりかけ、100℃のオーブンで30分乾燥させる。

### 盛りつけ

1　皿にサブレを敷き、その上にクレーム・シトロンをのせる。
2　ソース・シトロンとソース・パッションをまわりに流す。
3　アイスクリームを薄くスライスしたパイナップルで巻き、クレーム・シトロンの上にのせる。
4　クレーム・シャンティー・シトロネル、レモンの皮のコンフィ、レモンのコンポートをあしらい、グラス・ロワイヤルで作った葉、ミント、ディル、菊花を散らす。

# パイナップルのソルベ

カラー写真は 152 ページ

## 材料

各パーツとも基本配合の分量

**ジンのジュレ**
- シロップ …………………… 215g
- 砂糖 ………………………… 20g
- レモンの皮 ……………… ½個分
- 板ゼラチン ……………… 1.5枚
- ジン ………………………… 35g

**ソース・シトロン**
- レモン汁 …………………… 70g
- シロップ …………………… 1000g
- 砂糖 ………………………… 80g
- ペクチン …………………… 20g
- ペルノー酒 ………………… 50g

**パイナップルのソルベ**
- パイナップル ……………… 500g
- シロップ …………………… 100g
- 砂糖 ………………………… 50g
- ライムの皮 ……………… 1個分
- バカルディ・ラム酒 ……… 20g
- ソース・パッション ……… 適量
- パイナップル ……………… 適量
- ライムの皮、ミント ……… 各少々

**memo**
シロップは、水2に対して水飴1を煮溶かして作る。
ソース・パッションのルセットは、258ページ「タルト・シトロン」を参照。

## 作り方

### ジンのジュレを作る
1. 鍋にシロップ、砂糖、レモンの皮を入れて沸騰させる。
2. 水で戻した板ゼラチンを溶かし混ぜ、シノワで漉す。
3. 氷水で冷やす。粗熱が取れたらジンを加えて容器に流し、冷蔵庫で冷やし固める。

### ソース・シトロンを作る
1. レモン汁、シロップ、砂糖とペクチンを鍋に入れて沸騰させる。
2. シノワで漉し、粗熱が取れたらペルノー酒を加え、冷蔵庫で冷やしておく。

### パイナップルのソルベを作る
1. 全部の材料をバーミックスで攪拌して混ぜ合わせる。
2. パコジェットのビーカーに入れて冷凍する。
3. 凍ったらパコジェットにかけてソルベにする。

### 盛りつけ
1. カクテルグラスにジンのジュレ、ソース・シトロン、ソース・パッションの順に入れる。
2. クネル形にすくったソルベを、薄く切ったパイナップルで巻き、上にのせる。
3. 削ったライムの皮、ミントの葉を飾る。

# パン・ベルデュ

カラー写真は 148 ページ

**材料**

各パーツとも基本配合の分量

アパレイユ
- 牛乳 ……………………………… 150g
- クレーム・ドゥーブル ………… 50g
- 砂糖 ……………………………… 28g
- 卵黄 ……………………………… 72g
- バニラパウダー ………………… 適量

ブリオッシュ ……………………… 適量

ジュレ・フルール・ド・ビエール
- シロップ ………………………… 215g
- 砂糖 ……………………………… 35g
- バニラビーンズ ………………… ¼本
- 板ゼラチン ……………………… 1.5枚
- フルール・ド・ビエール ……… 35g

イチゴのタルタル
- イチゴ …………………… 1人分1個
- 砂糖 ……………………………… 少々

ソース・クレーム・ドゥーブル
- 牛乳 ……………………………… 100g
- 水飴 ……………………………… 60g
- クレーム・ドゥーブル ………… 100g

ソース・ルージュ
- フレーズ・デ・ボア ………… 2000g
- 砂糖 …………………………… 1000g
- ブラックベリー ……………… 1000g
- ブルーベリー ………………… 1000g
- フランボワーズ ……………… 1000g

パセリのソルベ
- シロップ ………………………… 600g
- パセリ …………………………… 20g

パセリオイル
- ゆでたパセリ …………………… 100g
- エクストラ・バージン・オリーブオイル ………………………… 200g

澄ましバター ……………………… 適量
ブッラータチーズ ………………… 適量
ピスターシュ ……………………… 適量
イタリアンパセリ、食用花 …… 各適量

> **memo**
> シロップは、水2に対して水飴1を煮溶かして作る。
> フルール・ド・ビエールは、ビールのオー・ド・ヴィ（ブランデー）。

**作り方**

**アパレイユにブリオッシュを一晩浸す**

1 アパレイユの材料を混ぜ合わせ、シノワで漉す。
2 3cm角に切ったブリオッシュをアパレイユに一晩浸しておく。

**ジュレ・フルール・ド・ビエールを作る**

1 鍋にシロップ、砂糖、バニラビーンズのさやを入れ、沸騰させる。
2 火からはずし、水で戻した板ゼラチンを溶かす。
3 フルール・ド・ビエールを加え、容器に流して冷蔵庫で冷やし固める。

### イチゴのタルタルを作る
1　イチゴを5mm角に切り、少量の砂糖であえてマリネしておく。

### ソース・クレーム・ドゥーブルを作る
1　すべての材料を混ぜ合わせる。

### ソース・ルージュを作る
1　フレーズ・デ・ボアに砂糖をまぶし、1日マリネしておく。
2　鍋に入れて強火で煮詰める。
3　残りのベリー類を加え、ひと煮立ちしたら火を止める。冷やしておく。

### パセリのソルベを作る
1　シロップを沸騰させ、パセリを加える。
2　ひと煮立ちしたらパコジェットのビーカーに入れ、冷凍する。
3　完全に凍ったらパコジェットにかけてソルベにする。

### パセリオイルを作る
1　パコジェットのビーカーにゆでたパセリとオリーブオイルを入れ、冷凍する。
2　凍ったらパコジェットで粉砕する。

### 仕上げをする
1　アパレイユに浸しておいたブリオッシュを引き上げ、水分をしっかり切ってから、澄ましバターを入れたフライパンで全部の面に焼き色をつける。
2　皿にブリオッシュを盛り、上に1個を18等分にしたブッラータチーズをのせる。
3　横にイチゴのタルタル、ジュレを置き、イチゴにソース・ルージュをかける。
4　刻んだピスターシュを敷いた上にパセリのソルベを盛る。
5　イタリアンパセリと食用花を飾る。
6　ミルクピッチャーにソース・クレーム・ドゥーブルと少量のパセリオイルを入れ、提供時に注ぐ。

# 柑橘類のテリーヌ

カラー写真は150ページ

**材料** 3台分
各パーツとも基本配合の分量

テリーヌ
- ブラッドオレンジのピューレ … 400g
- シロップ … 400g
- トレハロース … 80g
- 板ゼラチン … 32g
- グレープフルーツ … 3個
- ピンクグレープフルーツ … 3個
- オレンジ … 4個
- ブラッドオレンジ … 4個

ディルオイル
- ゆでたディル … 50g
- エクストラ・バージン・オリーブオイル … 100g

セロリのマリネ
- セロリ … 適量
- 晩白柚 … 適量
- ディルオイル … 適量

ジンのアルギン
- シロップ … 750g
- 砂糖 … 20g
- 水 … 150g
- 蜂蜜 … 12.5g
- アルギン酸ナトリウム … 2.5g
- 板ゼラチン … 1/8枚
- ジン … 50g
- 1％の塩化カルシウム水溶液 … 200g

ヴェルヴェーヌのソース
- 水 … 1000g
- ヴェルヴェーヌ … 10g
- シロップ … 250g
- 板ゼラチン … 5g

グレープフルーツのゼストのコンフィ
- グレープフルーツの皮 … 適量
- シロップ … 300g
- 砂糖 … 150g
- レモン汁 … 1個分

キウイのグラニテ
- ベビーキウイ … 適量
- 砂糖 … 適量

ゆでたタピオカ … 適量
ミント、ディル … 各適量

> memo
> シロップは、水2に対して水飴1を煮溶かして作る。

## 作り方

### テリーヌを作る

1. ブラッドオレンジのピューレ、シロップ、トレハロースを鍋に入れ、50℃まで温める。
2. 水で戻した板ゼラチンを加え、溶かし混ぜる。
3. シノワで漉し、少しとろみがつくまで冷やす。
4. グレープフルーツ、ピンクグレープフルーツ、オレンジ、ブラッドオレンジの果肉を袋から取り出し、水気を切っておく。
5. ラップを敷いたテリーヌ型に、**3**と**4**を交互に重ねていく。
6. 冷蔵庫で冷やし固める。

### ディルオイルを作る

1. パコジェットのビーカーにゆでたディルとオリーブオイルを入れて、冷凍する。
2. 凍ったらパコジェットで粉砕し、溶けたらキッチンペーパーで漉す。

### セロリのマリネを作る

1 セロリは薄皮をむき、ごく細いせん切りにして水にさらしておく。
2 水気をしっかり切り、果肉をほぐした晩白柚と合わせ、ディルオイルであえてマリネする。

### ジンのアルギンを作る

1 シロップ、砂糖、水を合わせて温め、砂糖を溶かす。
2 蜂蜜とアルギン酸ナトリウムを練り合わせ、1に加えてバーミックスで攪拌する。
3 水で戻した板ゼラチンとジンを加えて混ぜ、ゼラチンが溶けたら氷水で冷やす。
4 1％の塩化カルシウム水溶液に少しずつ落とし、小さな球体のジュレを作る。

### ヴェルヴェーヌのソースを作る

1 沸騰させた水にヴェルヴェーヌの葉を入れ、蓋をして30分アンフュゼしてシノワで漉す。
2 1の250gをシロップと混ぜ合わせ、水で戻して溶かした板ゼラチンを混ぜ合わせ、冷やしておく。ヴェルヴェーヌをアンフュゼした液体の残りは、泡に使う。

### グレープフルーツのゼストのコンフィを作る

1 グレープフルーツの皮を直径2cmの丸になるようにむき、裏側の白い部分を切り落とす。
2 3回ゆでこぼして苦味を抜く。
3 鍋にシロップ、砂糖、レモン汁と2を入れ、103℃まで煮詰める。
4 シロップに浸したまま冷やしておく。

### キウイのグラニテを作る

1 ベビーキウイの皮をむき、身をフォークの背でつぶす。
2 1と砂糖を混ぜ合わせ、バットに入れて冷凍庫で凍らせる。フォークで削って細かくする。

### 盛りつけ

1 テリーヌを型から出し、2cm厚さに切って皿に盛る。セロリのマリネを添える。
2 ヴェルヴェーヌのソースを流し、タピオカ、ジンのアルギン、ディルオイルを散らす。
3 グレープフルーツのゼストのコンフィ、ミント、ディルで飾る。

# 白いオペラ

カラー写真は154ページ

**材料** 各パーツとも基本配合の分量
（約10人分）

ビスキュイ・ジョコンド
- アーモンドパウダー ……………… 100g
- 粉糖 …………………………………… 85g
- 全卵 ………………………………… 140g
- 薄力粉 ………………………………… 20g
- メレンゲ
  - 卵白 ………………………………… 85g
  - 粉糖 ………………………………… 30g
- バター ………………………………… 20g

フィユアンティーヌ・ショコラ
- プラリネ・ノワゼット ……………… 45g
- ミルクチョコレート（グアナラ・ラクテ） ……………………………………… 15g
- フィユアンティーヌ ………………… 30g

クレーム・マスカルポーネ・カフェ
- マスカルポーネ …………………… 100g
- 加糖卵黄 ……………………………… 26g
- 薄力粉 ………………………………… 3g
- メレンゲ
  - 卵白 ………………………………… 20g
  - 粉糖 ………………………………… 10g
- エスプレッソコーヒー ……………… 36g

キャラメル・カフェ
- 砂糖 …………………………………… 50g
- 水飴 …………………………………… 25g
- エスプレッソコーヒー ……………… 40g
- 42％生クリーム ……………………… 20g

ソース・ショコラ
- トンカ豆 …………………………… ½個
- 牛乳 …………………………………… 50g
- エスプレッソコーヒー ……………… 50g
- カカオ分56％チョコレート（カラク） ……………………………………… 30g
- カカオ分75％チョコレート（サンビラーノ） …………………… 30g
- ココアパウダー ……………………… 8g
- バター ………………………………… 8g

ジュレ・ブラン
- 水 …………………………………… 100g
- 水飴 …………………………………… 50g
- ベジタブルゼラチン ………………… 7g
- 製菓用のホワイト色素 …………… 適量

コーヒーのジュレ
- 牛乳 ………………………………… 100g
- コーヒー豆 …………………………… 40g
- 生クリーム ………………… 液体の½量
- 砂糖 ……………………… 液体の10％量
- 板ゼラチン ………………… 全量の1％量

オレンジの皮のコンフィ
- オレンジの皮 ……………………… 1個分
- 砂糖 …………………………………… 75g
- 水 ……………………………………… 50g
- 水飴 …………………………………… 25g
- レモン汁 …………………………… ½個分

デコレーション用チョコレート
- ホワイトチョコレート …………… 適量

コニャックの泡
- 牛乳 ………………………………… 100g
- 42％生クリーム ……………………… 20g
- 水 ……………………………………… 20g
- レシチン …………………………… 適量
- コニャック …………………………… 7g

金箔 …………………………………… 少々

作り方

### ビスキュイ・ジョコンドを作る
1　アーモンドパウダーと粉糖を合わせてふるい、全卵を加えてふんわりとするまでミキサーで泡立てる。
2　薄力粉を加えて混ぜ合わせる。
3　卵白と粉糖でメレンゲを作り、2に加えて混ぜ合わせる。
4　最後に溶かしたバターを混ぜ合わせる。
5　シルパットに2mm厚さ、30cm×40cmに伸ばし、220℃のコンベクションオーブンで4〜5分焼成する。

### フィユアンティーヌ・ショコラを作る
1　プラリネ・ノワゼットと溶かしたチョコレートを混ぜ合わせる。
2　フィユアンティーヌを1であえる。

### クレーム・マスカルポーネ・カフェを作る
1　マスカルポーネ、加糖卵黄、ふるった薄力粉を混ぜ合わせる。
2　卵白と砂糖でメレンゲを作り、1に加えてさっくりと合わせる。
3　適当な大きさのフレキシパンに入れ、湯煎にして140℃のコンベクションオーブンで10分焼成する。
4　冷めたら型から取り出して、エスプレッソコーヒーとしっかり混ぜ合わせる。

### キャラメル・カフェを作る
1　砂糖と水飴を焦がしてキャラメルを作る。
2　温めたエスプレッソコーヒーと生クリームを合わせた液体を加え、103℃になるまで煮詰める。冷やしておく。

### ソース・ショコラを作る
1　トンカ豆を削って、一緒にわかした牛乳とエスプレッソコーヒーに入れて10分アンフュゼする。
2　2種のチョコレートを合わせて溶かす。
3　1をシノワで漉して2に加え、混ぜ合わせる。
4　ココアパウダーとバターを加え、バーミックスで攪拌して乳化させる。
5　直径3cmの半球のフレキシパンに流して冷凍する。

### ジュレ・ブランを作る
1　全部の材料を混ぜ合わせ、沸騰させる。冷やしておく。

### コーヒーのジュレを作る

1 　牛乳とコーヒー豆を真空袋に入れて真空し、冷蔵庫で一晩漬けておく。
2 　袋から出してシノワで漉す。
3 　漉した液体の半量の生クリーム、10％量の砂糖を加え、温めて砂糖を溶かす。
4 　全量の1％量の板ゼラチンを水で戻して加え、溶かし混ぜる。冷やしておく。

### オレンジの皮のコンフィを作る

1 　オレンジの皮を3回ゆでこぼす。
2 　砂糖、水、水飴、レモン汁でシロップを作り、オレンジの皮を加えて103℃まで煮詰める。冷やしておく。

### デコレーション用チョコレートを作る

1 　テンパリングしたホワイトチョコレートを15cm×15cmのOPPシートに薄く伸ばす。
2 　回転台を使って渦巻き状にカットする。

### コニャックの泡を作る

1 　全部の材料を混ぜ合わせてバーミックスで泡立てる。

### 盛りつけ

1 　ビスキュイ・ジョコンドを5cm×10cmに切り、直径3cm、高さ5cmのセルクルの内側に張りつける。
2 　底にフィユアンティーヌ・ショコラを5g入れる。
3 　その上にクレーム・マスカルポーネ・カフェを9分目まで絞り入れる。
4 　その上にキャラメル・カフェをいっぱいまで絞り入れる。
5 　ソース・ショコラをジュレ・ブランでコーティングして上にのせる。
6 　型から抜いて皿の中央に置く。かき混ぜてなめらかにしたコーヒーのジュレを上からかける。
7 　デコレーション用チョコレートをねじるようにしてのせて、まわりにコニャックの泡をのせる。
8 　金箔とオレンジの皮のコンフィを飾る。

## 鶏のブイヨン

**材料　仕上がり20ℓ**
- 鶏手羽先　10kg
- 鶏手羽元　10kg
- 水　適宜
- にんにく　3個
- にんじん　中3本
- 玉ねぎ　中3個
- セロリ　中5本
- 岩塩　50g
- クローブ　6個
- ねずの実　6個
- タイム　5本
- ローリエ　3枚

**作り方**
1. 手羽先と手羽元、ひたひたより多めの水を鍋に入れ、火にかける。
2. 沸騰したらアクをていねいに取り除き、半割にしたにんにく、にんじん、玉ねぎ、セロリは切らずに加え、残りの材料も全部加えて、弱火で3時間煮込む。
3. 目の細かいシノワで静かに漉す。冷蔵庫で保存する。

## 鶏のジュ

**材料　仕上がり800㎖**
- 鶏手羽先　2kg
- 鶏手羽元　4kg
- サラダ油　適量
- にんにく　2個
- 玉ねぎ　1個
- にんじん　½本
- セロリ　1本
- 鶏のブイヨン　4ℓ
- タイム　5本
- ローリエ　1枚
- 白粒こしょう　10個
- ねずの実　3個
- クローブ　3個
- 塩、白こしょう　各適量

**作り方**
1. 鶏手羽先と手羽元を小さく叩き、サラダ油で炒める。
2. きつね色になったら半割りにしたにんにくを加え、さらに炒める。
3. 香りが出たら1㎝の角切りにした玉ねぎ、にんじん、セロリを加え、しんなりするまで炒める。
4. 鶏のブイヨンとタイム、ローリエ、白粒こしょう、ねずの実、クローブを加え、アクを取り、1時間煮込む。
5. 目の細かいシノワで漉して3分の1量に煮詰め、塩、こしょうで味を調える。

## フォン・ド・ヴォー

**材料　仕上がり4ℓ**
- 仔牛の骨　10kg
- 牛筋　7kg
- サラダ油　適量
- 玉ねぎ　3kg
- にんじん　1.2kg
- にんにく　4個
- セロリ　800g
- トマトペースト　120g
- 水　適量
- ブーケ・ガルニ　1束
- 塩　適量

**作り方**
1. 仔牛の骨、牛筋をそれぞれ天板に広げてサラダ油をかけ、180℃のオーブンで1時間30分くらいかけて茶色くなるまでじっくりとローストし、寸胴鍋に移す。
2. 玉ねぎ、にんじん、セロリは3～4㎝角に切り、にんにくは半割にし、サラダ油で炒める。
3. 色づいたらトマトペーストを加え、軽く炒め合わせる。
4. 1にひたひたより多めの水を加えて火にかける。
5. アクを取って3を加え、ブーケ・ガルニ(洋ねぎ、タイム、ローリエ、白粒こしょう、クローブ)と塩を加え、静かにわいた状態で6時間煮込む。
6. シノワで漉し、3分の1量になるまで煮詰める。冷蔵庫で保存する。

## 鹿のフォン

**材料　仕上がり4ℓ**
- 鹿の骨　10kg
- 鹿の筋　5kg
- 赤ワイン　10本
- 赤ワインヴィネガー　500㎖
- サラダ油　適量
- 玉ねぎ　800g
- にんじん　500g
- セロリ　300g
- にんにく　大2個
- トマトペースト　大さじ1
- 水　適量
- 塩　適量
- フォン・ド・ヴォー　2ℓ

**作り方**
1. 鹿の骨と筋を赤ワイン、赤ワインヴィネガーで一晩マリネする。
2. 水気を切った骨と筋をそれぞれ天板に広げてサラダ油をかけ、180℃のオーブンで1時間30分くらいかけて茶色くなるまでじっくりとローストし、寸胴鍋に移す。
3. 玉ねぎ、にんじん、セロリは3～4㎝角に切り、にんにくは半割にし、サラダ油で炒める。
4. 色づいたらトマトペーストを加え、軽く炒め合わせる。
5. 2にマリネ液とひたひたより多めの水を加えて火にかける。
6. アクを取って4と塩を加え、静かにわいた状態で6時間煮込む。
7. シノワで漉し、フォン・ド・ヴォーと合わせて半量になるまで煮詰める。冷蔵庫で保存する。

## 真鴨のフォン

**材料　仕上がり2ℓ**
- 真鴨のガラ …………………… 5kg
- 赤ワイン ……………………… 5本
- 赤ワインヴィネガー …… 200㎖
- サラダ油 ……………………… 適量
- 玉ねぎ ………………………… 500g
- にんじん ……………………… 200g
- セロリ ………………………… 200g
- にんにく …………………… 大2個
- トマトペースト ………… 大さじ1
- 水 ……………………………… 適量
- 塩 ……………………………… 適量
- フォン・ド・ヴォー ………… 1ℓ

**作り方**
1. 真鴨のガラを赤ワイン、赤ワインヴィネガーで一晩マリネする。
2. ガラの水気を切り、天板に広げてサラダ油をかけ、180℃のオーブンで茶色くなるまでじっくりとローストし、寸胴鍋に移す。
3. 玉ねぎ、にんじん、セロリは3～4cm角に切り、にんにくは半割にし、サラダ油で炒める。
4. 色づいたらトマトペーストを加え、軽く炒め合わせる。
5. 2にマリネ液とひたひたより多めの水を加えて火にかける。
6. アクを取って4と塩を加え、静かにわいた状態で3時間煮込む。
7. シノワで漉し、フォン・ド・ヴォーと合わせて半量になるまで煮詰める。冷蔵庫で保存する。

## フュメ・ド・ポワソン

**材料　仕上がり2ℓ**
- 白身魚のアラ ………………… 3kg
- 洋ねぎの葉の部分 ………… 1本分
- 玉ねぎ ………………………… 1個
- にんじん ……………………… ½本
- セロリ ………………………… 2本
- フヌイユ ……………………… 1個
- ピュア・オリーブオイル …… 適量
- 白ワイン ……………………… 1本
- 水 ……………………………… 適量
- ブーケ・ガルニ ……………… 1束

**作り方**
1. 白身魚のアラは軽く叩き、香味野菜はすべて薄切りにする。
2. アラと野菜を全部一緒にオリーブオイルで炒める。
3. 白ワインを加えて沸騰させる。
4. 鍋に移し、水をひたひたに加えてわかす。
5. アクを取り除いたら、ブーケ・ガルニ（洋ねぎ、タイム、ローリエ、白粒こしょう、クローブ）を入れて30分煮込む。
6. シノワで漉す。冷蔵庫で保存する。

## 牛コンソメ

**材料　仕上がり5ℓ**
- フォン・ブラン
  - 仔牛筋 …………………… 5kg
  - 仔牛の骨 ………………… 5kg
  - 水 ………………………… 適量
  - 玉ねぎ …………………… 3個
  - にんじん ………………… 2本
  - にんにく ………………… 1個
  - セロリ …………………… 3本
  - ブーケ・ガルニ ………… 1束
- 牛すね肉ミンチ ……………… 5kg
- 卵白 ……………………… 30個分
- 玉ねぎ ………………………… 700g
- にんじん ……………………… 350g
- セロリ ………………………… 350g
- 玉ねぎスライス ……………… 2枚
- トマト ………………………… 1個
- 黒粒こしょう ………………… 30個
- 塩 ……………………………… 適量

**作り方**
1. まずフォン・ブランを作る。仔牛の筋と骨にひたひたより多めの水を加え、火にかける。
2. わいたらアクを取り、半割にした玉ねぎ、にんじん、にんにくと丸ごとのセロリ、ブーケ・ガルニを加え、6～7時間煮込む。
3. 布で漉し、さましておく。
4. 鍋に牛すね肉ミンチを入れてよく練る。
5. 卵白、小さな角切りにした玉ねぎ、にんじん、セロリを加えてさらによく練る。
6. フォン・ブラン15ℓを加え、材料を液体によく溶き伸ばす。
7. 火にかける。よくかき混ぜながら温め、60℃を越したくらいで弱火にし、真ん中に穴をあけて液体が対流するようにする。
8. 完全に沸騰したら黒い焼き色をつけた玉ねぎスライス、トマト、黒粒こしょうを加え、ふつふつとわいた状態で3～4時間煮る。
9. 紙漉しをする。このとき紙の上に黒粒こしょうを置いておくと香りがよい。
10. 塩で味を調える。冷蔵庫で保存する。

## ヴィネグレット・トリュフ

**材料** 仕上がり470㎖
トリュフジュース ………… 50㎖
シェリーヴィネガー ………… 50㎖
赤ワインヴィネガー ………… 60㎖
塩 …………………………… 12.5g
トリュフオイル …………… 35㎖
エクストラ・バージン・
　オリーブオイル ………… 50㎖
ピーナッツオイル ………… 225㎖

**作り方**
1　トリュフジュース、シェリーヴィネガー、赤ワインヴィネガー、塩をよく混ぜ合わせる。
2　オイル類を少しずつ加えて混ぜ合わせる。

## ヴィネグレット・ソース

**材料　基本配合**
ディジョンマスタード ……… 60g
塩 …………………………… 24g
白こしょう …………………… 3g
赤ワインヴィネガー ……… 150㎖
エクストラ・バージン・
　オリーブオイル ……… 600㎖

**作り方**
1　ボウルにディジョンマスタード、塩、白こしょう、赤ワインヴィネガーを入れて溶き混ぜる。
2　オリーブオイルを少しずつ加えながら、よくかき混ぜて乳化させる。

## タプナード

**材料**
仕上がり約200g
黒オリーブ ………………… 200g
アンチョビ …………………… 2枚
にんにく ……………………… 2片

**作り方**
1　黒オリーブ（種抜き）と他の材料をミキサーでまわしてピューレにする。
2　目の細かい漉し器で漉す。

## パート・ブリゼ

**基本配合**
薄力粉 ……………………… 250g
強力粉 ……………………… 250g
塩 …………………………… 10g
バター ……………………… 232g
水 …………………………… 65g
全卵 ………………………… 2個

**作り方**
1　薄力粉、強力粉、塩を合わせてふるい、フードプロセッサーでバターを数回に分けて加えながら、ポロポロの状態にする。
2　水と溶きほぐした全卵を加え、さらにまわす。
3　均一になったら止め、ひとつにまとめてラップで包み、冷蔵庫で1日休ませてから使う。

## フィユタージュ

**基本配合**
バター生地
　バター …………………… 600g
　中力粉 …………………… 240g
デトランプ
　中力粉 …………………… 560g
　塩 ………………………… 16g
　水 ………………………… 240g
　白ワインヴィネガー ……… 4g
　バター …………………… 180g

**作り方**
1　バター生地を作る。ミキサー（ケンミックス）にバターを入れ、ビーターで均一の固さになるまで混ぜる。
2　ふるった中力粉を加え、全体がまとまるまでさらに混ぜ合わせる。
3　20㎝×20㎝の正方形に伸ばし、冷蔵庫で冷やす。
4　デトランプを作る。ミキサーに中力粉、塩、水、白ワインヴィネガーを入れ、フックでグルテンが出るまで中速で練る。
5　柔らかくしたバターを3回に分けて加え、なじむまで混ぜる。
6　20㎝×20㎝の正方形に伸ばし、冷蔵庫で冷やす。
7　バター生地を20㎝×40㎝の長方形に麺棒で伸ばし、デトランプをのせてバター生地でぴったり包む。
8　60㎝くらいの長さに伸ばし、4つ折りにして冷蔵庫で30分休ませる。
9　再び60㎝くらいの長さに伸ばし、3つ折りにして冷蔵庫で30分休ませる。
10　最後にもう一度60㎝くらいの長さに伸ばし、4つ折りにする。

撮　　影　　黒部 徹
デザイン　　津嶋佐代子（津嶋デザイン事務所）
企画編集　　オフィスＳＮＯＷ（畑中三応子、木村奈緒）

## 魂のひと皿
素材に命を吹きこむ

発行日　2019年2月7日　初版発行

著　者　吉野 建
　　　　　よしの　たてる

発行者　早嶋　茂
制作者　永瀬正人
発行所　株式会社 旭屋出版
　　　　〒107-0052
　　　　東京都港区赤坂1-7-19 キャピタル赤坂ビル8階
　　　　電話 03-3560-9065（販売）
　　　　　　 03-3560-9066（編集）
　　　　FAX 03-3560-9071（販売）
　　　　郵便振替 00150-1-19572
　　　　旭屋出版ホームページ http://www.asahiya-jp.com

印刷・製本　凸版印刷株式会社

定価はカバーに表示してあります。
許可なく本書の内容の転載・複写、ならびにweb上での使用を禁じます。
落丁本・乱丁本はお取り替えいたします。

©Tateru Yoshino /Asahiya Shuppan 2019
PRINTED IN JAPAN
ISBN978-4-7511-1370-7 C2077